JN123836

スポーツマネジメント論序説

理論と実践の統合を可能とするマネジメント理論の構築にむけて

大野 貴司

三恵社

はじめに

　スポーツ経営体における経営活動を含む経営現象を意味する「スポーツマネジメント」という用語がわが国にも浸透して久しい。オリンピックやワールドカップにより動く巨額の金銭は絶えず多くの人々の注目を集めたり，多くの人々を大いに熱狂させた 2019 年に開催されたラグビーワールドカップ，延期が公表された東京オリンピックなど，スポーツイベントは絶えず，わが国のみならず多くの人々の注目を集める現象であり，その興味が経営的な側面へと拡張することは何ら不思議なことではない。

　また，スポーツ経営体の経営活動は，着実にその裾野を広げており，従来のプロスポーツやスポーツイベント，フィットネスクラブ，スポーツメディア，スポーツ施設などだけではなく，e スポーツなど，確実にその対象を広げ，スポーツ産業そのものを拡大させている。近年の人々の健康意識への高まりもまた，スポーツ産業そのものを拡大させることに貢献していると言える。こうした人々のスポーツマネジメントへの注目の高まりを受け，それを研究の対象とする研究者や実務家も増え，従来から存在していた日本体育学会体育経営管理部会，日本体育・スポーツ経営学会，日本スポーツ産業学会に加え，2007 年には，わが国におけるスポーツマネジメント研究の第一人者である早稲田大学スポーツ科学学術院教授の原田宗彦を中心に日本スポーツマネジメント学会が設立されている。また，早稲田大学がスポーツ科学部を設置し，わが国で初めて大学名にスポーツを冠したびわこ成蹊スポーツ大学が開学した 2003 年以降，「スポーツマネジメント」，「スポーツビジネス」などを冠した大学の学科，コースの設置が増えている。2019 年には日本体育大学で，2020 年には尚美学園大学でスポーツマネジメント学部が設置され，スポーツマネジメント研究や学修を行う場は着実に増えている。先述のように，スポーツマネジメントを学術研究の対象とする研究者の増加に伴い，その研究の質・量も増大傾向にある。本章でも述べているが，その中でも，スポーツ観戦者やスポーツ参加者の行動を解明しようとするスポーツ消費者研究は著しい進化を見せている。

　スポーツ経営体における経営現象への注目の高まりは上記のようなポジティブなものだけではない。2012 年に起きた大阪桜宮高校の体罰事件，2013 年の柔道女子強化

選手による指導者への体罰等のハラスメントの告発，2018年に起きた日大アメフト部危険タックル問題などに象徴されるスポーツ界における不祥事もまた，わが国における多くの人々にスポーツにおける経営的な側面への注目を集めることとなった。また新型コロナウイルス（COVID-19）の影響により，わが国のみならず世界におけるスポーツそして，その経営方法であるスポーツマネジメントのあり方も大きく変わろうとしている。

　本書は，こうして質・量ともに拡大をしつつあるわが国のスポーツマネジメント研究に対し，その理論的拡張に貢献することを主たる課題としたい。具体的には，学問としてのスポーツマネジメントの展開，発展可能性，そして実践との関連性とその相互作用的な関係などを明らかにし，筆者なりの「スポーツマネジメント論」の構築を試みたい（そうした意味で，本書のタイトルを『スポーツマネジメント論序説』としている）。それを明らかにするために，本書では，スポーツマネジメント研究の現状や問題点，実践との関係性を明らかにするだけでなく，スポーツマネジメント教育の現状や問題点，課題，わが国におけるスポーツ組織の現状や問題点，課題や提言を経営学的な視角からアプローチすることにより，より広範な視点からスポーツマネジメントにアプローチし，その姿を明らかにし，その理論的な拡張を実現しようと試みている。このように本書が目指すものはスポーツマネジメント研究，理論への貢献であり，その意味では，スポーツマネジメントにおける実務に従事されている方々が，「明日仕事で使える」経営術の提供ができているわけではなく，その部分での実務家の方々のニーズに応えることはできておらず（その意味では各々の実務家の方々が日々の経営実践で抱える悩みを解決できるような「個別解」の提供はできていない），自らの経営実践に少しでも有用なヒントを求めて本書を手に取ってくれた方々には申し訳なく思う。しかしながら，スポーツマネジメントにおける実務家の方々が科学的な検証に基づいた研究成果を自らの経営実践にいかに活用していくべきかという問いに対する答えは提供できているので，そうした観点からはスポーツマネジメント実践にも含意にある内容となっていると言えよう。このように本書は，決してスポーツマネジメント実践のハウ・ツー本ではなく，実務家の方々がスポーツマネジメント理論や，その基盤となっている経営学理論をいかに学び，それを自らの経営実践へと活用してい

くべきかということに関する示唆を与えることを目指している。

　また，スポーツマネジメント研究者の方々にも，本書を通してスポーツマネジメント研究の新たなパースペクティブ，そして研究としてのスポーツマネジメントの発展のための展開の方向性を提示している。賛同しかねる部分も多いであろうが，本書の議論に少しでも賛同していただける部分があれば幸いである。

　本書は，2014年1月の前回の単著書（拙著（2014）『人間性重視の経営戦略論―経営性と人間性の統合を可能とする戦略理論の構築にむけて―』ふくろう出版）の公刊後の2014年から現在までの，スポーツマネジメント領域における約7年間の筆者の研究成果をまとめたものである。7年ぶりの単著書であり，興奮もあるが，それよりは緊張が勝っているのが正直な感想である。この7年間では，筆者は主に，スポーツマネジメントの学説史的な研究と，大学運動部・中高運動部のマネジメントの研究という2つの研究を進めてきた。本書では，「理論と実践の統合」という切り口により，これら2つの異なる研究を統合させることを試みた。

　筆者はこの7年間で岐阜経済大学（現岐阜協立大学），東洋学園大学，帝京大学と3つの大学に籍を置き，専任教員として教育研究活動を行うこととなった。新たな環境に身を置き，慣れぬことも多々あり，研究活動のモチベーションもややもすると低下しそうにはなったものの，それぞれの大学の教職員の方々には都度助けていただいた。この場を借りて，この7年間で様々なご支援いただいた岐阜経済大学，東洋学園大学，帝京大学の現・元教職員の方々に御礼申し上げたい。とりわけ東洋学園大学図書館の職員の方々には大学には所蔵のない書籍や論文の取り寄せなど筆者の研究活動を折に触れてサポートしていただいた。また，東洋学園大学大学院現代経営研究科長を務められた現東洋学園大学現代経営学部特任教授横山和子先生には，そのかかわりの中で研究者としての研究姿勢や態度について折に触れ教えていただいた。そして，本書の出版に当たっては株式会社三恵社代表取締役会長の木全哲也氏にはひとかたならぬご支援を頂いた。この場を借りて厚く御礼申し上げたい。

　末筆ではあるが，令和2年1月に永眠された筆者の学部・修士課程時代の指導教授であった権泰吉先生（明治大学名誉教授）に御礼申し上げるとともに本書を権先生のご霊前に捧げたい。権先生には，先生のご専門とは全く異なるスポーツマネジメント

研究を行うことをお認めいただいただけでなく，人間として，研究者として至らぬ筆者を常に叱咤激励してくださった。権先生は研究者としてだけでなく，人間としても筆者の目標であった。研究者としての筆者の今日があるのは，権先生のおかげであると言っても差し支えないであろう。長きにわたるあたたかいご指導，本当にありがとうございました。

令和3年1月1日
新たな年を迎えた埼玉スタジアム近くの自宅にて
大野　貴司

目　次

序章　問題意識と本書の構成

第1節　問題意識と本書の課題

　「はじめに」でも述べたように，わが国においてスポーツ経営体の経営活動を含む経営現象をあらわす「スポーツマネジメント」への注目も高まっている。オリンピックやワールドカップによる動く巨額の金銭は絶えず多くの人々の注目を集めているだけではなく，2019 年に開催されたラグビーワールドカップや，2021 年の延期が発表された東京オリンピック・パラリンピックなどの多くの人々の注目を集める大規模なスポーツイベントの存在がこうした現象をさらに後押ししている。また，e スポーツなどスポーツを製品・サービスとしたビジネスは拡張を見せているだけでなく，わが国における国民の健康意識の高まりは，カーブスによる女性専用のフィットネスクラブなどフィットネスクラブにおける新たな市場の構築へと繋がっている。

　上記はスポーツ経営体の経営現象に関するポジティブな側面であるが，スポーツ経営体の経営現象に関するネガティブな側面に目を向けると，2011 年に発覚した大相撲力士八百長問題，2012 年に起きた大阪桜宮高校体罰自殺事件，2013 年の女子柔道強化選手の指導者による体罰の告発，日大アメフト部危険タックル問題をはじめとして 2018 年に頻発したスポーツ界における不祥事などのスポーツ界におけるスキャンダルもまた，わが国において多くの人々の注目や関心を集め，スポーツ組織の（経営の手法として正しい，そして倫理・道徳的に正しい）正しいマネジメント，ガバナンスのあり方を考えさせることとなった。さらに言えば，世界的に猛威を振るっている新型コロナウイルス（COVID-19）下におけるスポーツのマネジメントのあり方やポストコロナにおけるスポーツのマネジメントのあり方もまた世界的な注目を集めているトピックである。

　人々のスポーツの経営的な側面への高まりを受け，スポーツマネジメント研究も広がりを見せている。2007 年には，従来の日本体育・スポーツ経営学会，日本スポーツ産業学会，日本体育学会体育経営管理部会に加えて，わが国におけるスポーツマネジメント研究の第一人者である早稲田大学スポーツ科学学術院教授の原田宗彦を中心に，スポーツマネジメ

ントの研究コミュニティである日本スポーツマネジメント学会が設立され，多くの個人会員，法人会員を獲得し，2018 年 3 月には 10 回目の全国大会を早稲田大学にて実施している。また，早稲田大学がスポーツ科学部を開設し，日本で初めて大学名に「スポーツ」を冠したびわこスポーツ成蹊大学が開学した 2003 年以降，わが国には，スポーツマネジメント（「スポーツビジネス」，「スポーツ経営」を含む）を冠した学部，学科，コースを開設する大学が飛躍的に増加し，2018 年 4 月には，日本体育大学においてわが国初のスポーツマネジメント学部が誕生し，2020 年 4 月には尚美学園大学においてもスポーツマネジメント学部が誕生している。2003年以降設立されたスポーツマネジメント系学部，学科，コースにおいては，地方私立大学がスポーツ推薦者の入学意欲の向上のためにスポーツ系学科，コースを設置するだけでなく，早稲田大学だけでなく，法政大学や同志社大学，立命館大学などの伝統校が，スポーツ強化政策の一環でスポーツ系学部を設置する動きも見られている。それらの大学においては，多くのスポーツマネジメント研究者や実務家が専任教員として採用され，スポーツマネジメントに関する教育・研究活動に従事している。

　このように，スポーツマネジメント研究に従事する研究者は増加したものの，スポーツマネジメントという学問の特質，あり方や展開可能性についてはわが国のスポーツマネジメントにおける研究コミュニティにおいては十分な議論がなされてきたとは言い難い。そこにおいて中心的に議論されてきたのは，スポーツマネジメントにおける現場への還元性，貢献，マーケティングデータなどのスポーツマネジメントにおける実務家が意思決定に使用する「情報」の提供であり，スポーツマネジメントのあり方そのものを問う原理的な議論はほとんどなされてこなかった。しかしながら，今日の研究としてのスポーツマネジメントに真に求められるのは，そのあり方を問う原理的な議論であり，研究である。原理的な議論や研究により，研究・理論としてのスポーツマネジメントを豊かなものとしていくことが求められるのである。それこそが，スポーツマネジメント研究者の研究上の基盤となり，実務家にとって，経営活動を行う上で拠り所になる自らの経営理論を構築する上での基盤となるためである。一般経営学に視点を移しても，一橋大学名誉教授の山城章などは，経営能力は経営理論を基盤として実践経験を積んでいくことにより構築されるとす

2

る「KAE の原理」を提唱している（山城，1968，1970）。また，ピーター・ドラッカーの経営理論は，多くの経営学研究者に影響を与え，その論理的な基盤を提供するだけでなく，ファーストリテイリング会長兼社長の柳井正など，多くの経営者にその経営実践における基盤を提供しており，強い影響を与えている（NHK「仕事のすすめ」制作班編，2010）。このように，スポーツマネジメントを考えるにあたり，その原理を考察し，その構築を試みることは，樹木で例えるならば，その根を大きく，そして広げていくことであると言える。根が大きく，そして広がっていくことにより，樹木は大きくなることが可能である。その意味では，本書における研究課題はスポーツマネジメントにおける根を大きく，そして広げることに貢献することに繋がっていると言えよう。

　こうした問題意識を踏まえ，本書では，スポーツマネジメント研究における理論的な拡張を目指すべく，経営理論としてのスポーツマネジメント理論の構築をその研究課題としたい。それにより，スポーツマネジメント研究者が拠り所となる経営理論の構築が可能となり，スポーツ組織の経営者が，自らの経営実践のよりどころとなる経営理論の提供が可能となると考えられる。

　具体的には，本書における議論を通じて，スポーツマネジメントにおける多様な対立軸の統合の実現により，新たなスポーツマネジメント理論の構築の実現を試みたい。後述するように，スポーツマネジメントは多様な対立軸を有している。

　まず挙げられるのは，理論と実践の対立である[1]。スポーツマネジメントが学問，すなわち科学であるからには，客観的で，何人も検証可能な客観性を有した発見事実に基づいた理論構築が求められる。それゆえ，主観的で，検証不能な発見事実は許容されないこととなる。海外の査読付きのジャーナルはもちろん，国内のスポーツマネジメントの研究コミュニティにおいても研究者の数とその研究業績の深化とともに，こうした科学的な厳密性は高まっていると言える。その一方で，スポーツマネジメントは「実践に生かすための研究方法を問題とする実践科学」（山城，1970）の特性を備えているゆえ，スポーツマネジメントにおける経営実践への貢献も視野に入れた対応が求められる。しかしながら，入山（2012）なども指摘しているように，定量研究により導出される結果はあくまで平均

3

値にしか過ぎない。実際に経営実践に従事している実務家が求めているのは，平均的な傾向ではなく，平均値から逸脱したデータである場合もある（突出して業績の高い企業の経営方法など）。入山も，平均に基づく統計手法では，独創的な経営方法で成功している企業を分析できない可能性があると指摘している（入山，2012）。このように，スポーツマネジメントにおける理論と実践はともに，スポーツマネジメントという学問を構成する必須の要素であるにも関わらず，両者が対立しあうという問題を抱えている。

　次に挙げられるのは，その研究アプローチである。スポーツマネジメントでは，異なるアプローチが複数存在するのが現状であるが，それは各研究者のバックボーンによるところが大きい。わが国のスポーツマネジメント研究の源流が学校体育であることに多分に関係があるが，現行のわが国におけるスポーツマネジメント研究の主たる担い手は大学の体育・スポーツ系学部や大学院の体育・スポーツ系研究科などにおいて学修を修めた体育学者である。彼らは後述するように，数値的なエビデンスを重視した研究活動を展開している。エビデンスを獲得するためには，定量調査を行うことが近道である。そうした関心から彼らが取る主たる研究方法やプロスポーツ観戦者やスポーツイベント参加者へのアンケート調査などのマーケティング・リサーチである。彼らはスポーツという人間の営為をより豊かにすることに主眼を置いた研究活動を行っている。その意味では，「マネジメント」は，スポーツを分析するためのツールであるということである。体育学者の次に多いスポーツマネジメント研究の担い手は，スポーツマネジメントの実務経験者である。彼らは自らの実務経験を基盤とした研究活動を展開している。その意味では，彼らによっては，学問というよりは，特定の問題への解決を目指すコンサルティング的なアプローチが採用されることとなる。最後に，少数派ではあるが，スポーツマネジメントの「マネジメント」に主眼を置いた研究者も存在している。大学院で経営学や会計学の学修を修めた研究者である。彼らは，スポーツを豊かなものにするというよりは，経営学の研究のためのフィールドとしてスポーツを選定している。その意味では，彼らが貢献したい部分は経営学のほうであると言える。

　以上，スポーツマネジメントの担い手について述べたが，今までの議論

を踏まえるならば，わが国のスポーツマネジメント研究では，体育学者により展開される「体育学的アプローチ」，実務経験者により展開される「実務・コンサルティング的アプローチ」，経営学者により展開される「経営学的アプローチ」という三つの研究アプローチが存在するということになる。これらの研究もまた一長一短を有している。簡潔に言えば，体育学的アプローチは，定量調査によりスポーツマネジメントの現場に還元性の高いデータの提供は可能となるが，反面，経営者レベルの経営理論の構築・修正・再構築に影響を及ぼすような理論構築が困難なことが挙げられる（現場レベルの業務の効率性を高める手段に貢献範囲が留まる）。実務・コンサルティング的アプローチは，自らの豊富な実務経験に基づき，実践への貢献可能性の高いアドバイスはできるかもしれないが，その理論はあくまで経験に基づくものにしかすぎず，その助言がどのような理論に基づいており，スポーツマネジメント理論をどのように拡張可能かが不明確であることは問題であると言える。その意味では，「経験」を「科学」に昇華することに困難性があるということである。経営学的アプローチは，スポーツマネジメントにおいて，経営者が経営実践において依拠する経営理論に貢献性の高い研究を展開することが可能かもしれない。しかしながら，それは理論的なアプローチや定性調査によるアプローチを採用するものが多く，その意味では再現性を有するものかどうか議論の余地がある。さらに言えば，スポーツならではの経営理論であるスポーツマネジメントを考えるにあたっては，体育学への理解が不可欠である。体育学部，体育学研究科において研究指導を受けている研究者が少ないため，スポーツへの学識，理解が不足している場合，正しく「スポーツならでは」の経営について明らかにしていくことができるのかは不明確である。以上，これらの研究アプローチをどのように統合していくのかもまたスポーツマネジメント研究においては重要な課題となる。

　以上，本書では，これら相対立する概念や研究アプローチの統合を実現していくことにより，スポーツ経営体における経営現象であるスポーツマネジメント理論の構築を目指したい。なお，本書では，「スポーツマネジメント」を「スポーツ経営体における経営活動を含む現象」であり，「スポーツマネジメント研究」を「スポーツ経営体における経営現象を明らかにすることを目指していく研究」と定義し，次章からの議論を進めていく

ことをここで断っておく[2]。

第2節　本書の構成

　以下，本節では，本章に続く本書における構成を述べたい。第1部「スポーツマネジメント研究の現状・課題・展望」では，わが国におけるスポーツマネジメント研究の現状および問題点を明らかにした上で，その課題およびスポーツマネジメントの新たな理論構築の可能性を示すことを課題としている。具体的には，第1部では最終的に，先述のスポーツマネジメントにおける理論―実践の統合，体育学的アプローチ，コンサルティング的アプローチ，経営学的アプローチというスポーツマネジメントにおける各研究アプローチの統合を可能とするスポーツマネジメント理論の構築をその最終的な課題としたい。第1部は，第1〜3章の3章構成である。

　第1章，「スポーツマネジメント研究の現状と課題」では，スポーツマネジメントの定義や研究対象を明らかにした上で，わが国におけるスポーツマネジメント研究の現状や問題点を明らかにする。具体的には，わが国におけるスポーツマネジメント領域の主要な学会誌に掲載された論文の動向から，定量調査をベースとする消費者行動論への偏り，特定のスポーツ現象を分析することに意識が置かれている研究が少なくないこと，スポーツ組織の経営活動の全体を捉えるマネジメントに関する研究の少なさという問題点を明らかにした上で，その問題点をどのように克服していくかについて論じている。具体的には，スラック（1994）などが論じているように，スポーツマネジメント領域の各研究者が自らが基盤とする経営学理論の学修を継続し，それに熟達することにより，それを共通の土台とすることにより，各々の研究者がスポーツマネジメント研究にアプローチすることにより，スポーツマネジメント理論構築に貢献性の高い研究を実践できる可能性が高まるとともに，体育学的アプローチ，コンサルティング的アプローチ，経営学的アプローチの統合が可能となることを明らかにしている。第1章は，拙著（2020a）「わが国スポーツマネジメント研究の現状，課題と展望―スポーツマネジメント研究における体育学的アプローチと経営学的アプローチの包摂にむけて―」大野貴司編著『現代スポーツのマネジメント論―『経営学』としてのスポーツマネジ

メント序説—』三恵社，1-25 頁の一部と，拙著（2020b）「わが国スポーツマネジメント研究および教育の現状，問題点と課題 —ミンツバーグ，山城章の所説を踏まえた今後の展開の示唆—」『帝京経済学研究』第 53 巻第 2 号，23-46 頁の一部に加筆訂正を施したものである。

　第 2 章「スポーツマネジメントにおける理論と実践の関係性の検討」では，スポーツマネジメントにおける研究，すなわち理論と実務すなわち実践との関係のあり方を提示している。具体的には，一橋大学名誉教授の山城章の「KAE の原理」に依拠しながら，学問としてのスポーツマネジメントは，スポーツマネジメント領域における実務家の実践能力を向上させるために存在し，彼らに啓発を与えるための教育であるべきという前提の下，一般経営学を基盤として，それを用いてスポーツマネジメント現象を捉えていくことにより構築されるものであることを論じている。第 3 章は，拙著（2018b）「スポーツマネジメントにおける理論と実践の関係に関する一考察—山城章の『実践経営学』の視点から—」大野貴司編著『スポーツマネジメント実践の現状と課題—東海地方の事例から—』三恵社，1-22 頁に加筆訂正を施したものである。

　第 3 章「スポーツマネジメント教育の現状と課題—スポーツマネジメント研究との関連から—」では，わが国の大学，大学院におけるスポーツマネジメント教育の現状と問題点について明らかにしている。具体的には，わが国におけるスポーツマネジメント領域における大学教員の入職前のキャリアパターンに触れながら，体育学領域の大学院出身者とスポーツマネジメント領域の実務経験者の比率が高いことによる定量調査とコンサルティング的なアプローチという研究手法の偏りとそれに伴う，スポーツ観戦者，スポーツ参加者への定量調査，スポーツ現場への実習・体験型への教育方法・実践の偏りを明らかにしている。具体的には，第 3 章では，スポーツマネジメントを学ぶ大学生や大学院生には，一般経営学理論を基盤としながら，スポーツマネジメント理論を構築し，それを基に実践経験を積ませ，スポーツマネジメント理論を基に自らの実践を解釈，すなわち省察させることにより，スポーツマネジメント能力を啓発させていくべきであり，スポーツマネジメント領域の専任教員は，一般経営学理論に基づくスポーツマネジメント理論の学識をもって，学生の省察をサポートすることにより，単なる経験の深化ではなく，より高次のスポー

ツマネジメント能力の啓発へとつなげていくべきであることを指摘した。第3章は，拙著（2014）「スポーツマネジメント4つの研究課題」『岐阜経済大学論集』第47巻第2・3号，109-129頁の一部と，拙著（2020b）「わが国スポーツマネジメント研究および教育の現状，問題点と課題 ―ミンツバーグ，山城章の所説を踏まえた今後の展開の示唆―」『帝京経済学研究』第53巻第2号，23-46頁の一部に加筆訂正を施したものである。

　第2部「スポーツマネジメントにおける実態の検討」では，スポーツマネジメントが研究の対象とするスポーツ組織の現状及び課題を明らかにし，理論的見地からその解決策について提示していく。具体的には，大学運動部，中高運動部を中心に，その現状，問題点，課題，そのマネジメントモデルを検討したい[3]。KAEの原理でいうところの原理，すなわちKに相当する一般経営学理論を用いながらスポーツ組織の経営現象を捉え，説明していくことにより，スポーツマネジメント研究における理論的拡張を目指していきたい。第2部は，第4章から第6章の3章構成である。

　第4章「わが国大学運動部組織の特性と課題―その発展史を踏まえて―」では，わが国のスポーツシステムの主たる構成者である大学運動部における支配的な価値観である「勝利至上主義」がいかにして形成・普及されていったのかと，勝利至上主義により生じる問題点を明らかにし，その緩和策を検討している。具体的には，勝利至上主義は，「負けは恥（死）」，師弟の間柄を重んじる武士道的な精神がベースとなっていること，学校の威信などの校威発揚がそれを強めてきたこと，また戦後は，大学の経営戦略としてスポーツが位置づけられることによりその傾向が強まったことを指摘している。そして，勝利至上主義に付随する問題点として，大学運動部自体が，競技における勝利を追求することに専念する組織であり，内向きな組織であること，封建主義による権力の集中，根性主義，精神主義がしごきやいじめにつながる危険性を挙げている。これらの問題点への対応策として，大学運動部を大学コミュニティ内部に位置付けていくこと，大学運動部と社会との接点の確保，封建主義の見直しの必要性を指摘している。第4章は，拙著（2017）「わが国大学運動部における『勝利至上主義』とその緩和策に関する一考察」『東洋学園大学紀要』第25号，105-121頁に加筆訂正を施したものである。

　第5章「わが国大学運動部組織におけるマネジメントの検討―クリス・

アージリスの所説から―」では，経営学者のクリス・アージリス理論に依拠しながら大学運動部の組織マネジメントの理論のモデルの構築を試みている。そこでは，大学運動部が運動部員の競技者，学生としての成長とそれによる組織成長をその目的とし，その手段として，部員達による組織運営の自治的運営というある種の職務拡大を実践させることにより，そこにおける課題を探索，発見し，改善し，時に組織を支える価値観や思考枠組み，組織ルーティンを見直し，組織文化を変革していく必要性を指摘している。第6章後半では，帝京大学ラグビーの事例から本章で提示した理論枠組みの妥当性を検証している。第5章は，拙著（2019）「わが国大学運動部における組織マネジメントの研究―クリス・アージリスの所説を手掛かりとして―」『東洋学園大学紀要』第27号，109-125頁，拙著（2018c）「わが国大学運動部組織の「学習する組織」への移行に向けた予備的検討」『埼玉学園大学紀要　経済経営学部篇』第18号，135-148頁の一部を基に加筆訂正を施したものである。

　第6章「わが国中高運動部組織のマネジメントの検討―部員による自治の視点から―」では，体育教育領域，組織論領域の先行研究に依拠しながら新たな運動部活動のマネジメントの理論枠組みを提示している。そこでは，生徒の成長を実現することを組織の目的とし，その目的を実現するため，部員による自治というある種の職務拡大の必要性について論じている。第6章は，拙著（2018a）「学校運動部活動のマネジメントの組織論的研究―『強制によるマネジメント』から『部員自治によるマネジメント』への転換にむけて―」「東洋学園大学紀要』第26-2号，93-109頁，大野貴司・徳山性友（2015）「わが国スポーツ組織の組織的特性に関する一考察―そのガバナンス体制の構築に向けた予備的検討―」『岐阜経済大学論集』第49巻第1号，21-40頁の筆者執筆担当部分の一部に加筆訂正を施したものである。

　第3部「スポーツマネジメントにおける理論と実践の統合」では，今までの議論を踏まえ，理論と実践との統合的な発展を可能とするスポーツマネジメント理論のあり方を明らかにしている。第3部は，第7章と終章により構成されている。

　第7章「ディスカッション―理論と実践の統合を可能とするスポーツマネジメント理論の構築にむけて―」では，第1部と第2部の議論を総

括し，諸々の対立項の統合を可能とするスポーツマネジメント理論の構築を試みている。具体的には，スポーツマネジメントにおける各研究アプローチである体育学的アプローチ，経営学的アプローチ，コンサルティング的アプローチの研究者が，一般経営学理論を基盤としてスポーツマネジメント理論を構築し，それを自らの分析枠組みとした上で，互いの得意領域を活かしながらスポーツマネジメント現象を解釈し，理論的な意味づけを与えていくことにより，新たなスポーツマネジメント理論をその相互作用の過程で社会的に構築していくことができることを指摘している。また，こうして社会的に構築されたスポーツマネジメント理論は，実務家が，自らがその経営実践において向き合うことになるスポーツマネジメント現象を捉えるためのフレームワークとして機能するだけでなく，理論の質を高めることにより，そのフレームワークの機能性を漸進的に高めることを可能にしていることを指摘している。第7章は，本書のための書き下ろし原稿である。

　終章「本書の貢献，限界と今後の研究課題」では，本書の結論と，スポーツマネジメントにおける先行研究とスポーツマネジメントにおける経営実践に対する貢献を確認するとともに，本書の限界と，筆者の今後の研究課題を明らかにしている。

　巻末には，参考文献一覧，参考資料一覧，参考URL一覧を掲載している。

注
1 理論と実践との対立は，スポーツマネジメントが依拠する親学問である一般経営学においても同様に生じている現象である。一般経営学における理論と実践との対立とその超克については，大野（2020d）が詳しい。
2 筆者によるスポーツマネジメントの定義や対象の整理については，第1章を参照されたい。
3 本書では，2014年以前の大野の研究成果との重複を避けるため，実際のスポーツ組織の研究対象としてプロスポーツクラブを除外している。筆者によるプロスポーツクラブに関する研究成果（2014年以前の研究成果）は，大学院博士前期課を修了した2003年から2010年までの研究成果を纏めた大野（2010）を参照されたい。

第1部　わが国スポーツマネジメント研究の
現状・課題・展望

第1章　わが国スポーツマネジメント研究の現状，問題点と展開可能性[1]

第1節　問題意識と本章の課題

　序章でも述べたように，わが国において，スポーツの経営的側面への注目の高まりに伴い，「スポーツマネジメント」という用語が定着して久しい。それに伴い，スポーツマネジメント研究に従事する研究者が増え，「スポーツマネジメント」を冠した学会である日本スポーツマネジメント学会の設立などにみられるように研究コミュニティである学会活動も活性化し，その質・量も拡大している。

　わが国におけるスポーツマネジメントの分析アプローチは主に二つに大別されている。ひとつは，体育経営学に源流が求められる体育学的なアプローチである。スポーツの経営的な現場，そしてそれを研究対象とする体育学への貢献を目指し，経営学的な方法論を用いてその目標を達成しようとするアプローチである。それゆえ主たる担い手は大学院で体育学を修めた体育学者が中心となっている。もうひとつのアプローチは，実務・コンサルティング的なアプローチである。このアプローチもまたスポーツの経営的な現場への貢献を目指すものであるが，自らのスポーツマネジメント領域における実務経験を駆使し，現場への実践的な貢献を目指そうとするアプローチである。それゆえ主たる担い手は，プロスポーツやスポーツ用品メーカー，広告代理店等のスポーツマネジメント領域の実務で活躍した実務経験者が中心となる。実際に，わが国の大学・短期大学においてスポーツマネジメントを主担当科目とする専任教員は，ごく一部の例外を除いて体育・スポーツ領域の大学院出身者か，スポーツマネジメント領域の実務経験者であり，各々の学問的・実務的なバックボーンからスポーツマネジメント研究にアプローチしているのが現状である。

　スポーツ組織の存続・成長のあり方をその考察の対象とするスポーツマネジメントは，言うまでもなくスポーツとマネジメントの複合語である。その意味では，スポーツとマネジメントの両方が存在してこ

13

そはじめてスポーツマネジメントが成立すると言うことができる。スポーツ組織の特質や構造，スポーツ組織が取り扱うスポーツプロダクトの性質や構造，スポーツ消費者の特性や行動を理解するためには，体育・スポーツ領域の学識や知識が必要になるが，その分析に用いる経営理論もまたスポーツマネジメントには必要である。わが国を代表する体育・スポーツ経営学者である清水（1994）などは，スポーツ経営学を「特殊経営学」であるとしている。自らを経営学にカテゴライズするのならば，スポーツ組織の特質や構造，スポーツプロダクトの性質や構造，スポーツ消費者の特性や行動のみを精査するのではなく，その分析に用いる経営理論もまた精査，ひいてはその分析を通じて進化を遂げねばならない。また一般経営学に目を向けると山城などは，経営能力は，アカデミックな文献研究や知識中心の勉強である知識＝原理を基盤とし，実践（＝経験）を重ねていくことにより培われていくとする「KAE の原理」を提唱している（山城，1968，1970）。大野（2018b）などは，山城の KAE の原理に依拠しながら，スポーツマネジメント領域の実践能力は，経営学理論とスポーツマネジメントにおける経験を基盤として構築されるものであり，いずれもスポーツマネジメントにおける実践能力の構築には必要欠くべからざるものであり，スポーツマネジメントの実務家もスポーツマネジメント領域の研究者にも基盤となる経営理論に関する研究活動が求められることを指摘している。清水（2002）は，営利目的をもつスポーツ組織は，企業経営学の研究対象であると同時に体育・スポーツ経営学の対象でもあり，実際のスポーツ組織の経営に当たる者には，経営学の知識と体育・スポーツ経営学の知識の双方が必要となるとしている。上記の清水の指摘は実務家のみならず研究者にも共通する事項であると言えよう。また，武藤などは，スポーツファイナンスは，ファイナンスを基礎とするものであるゆえ，ファイナンスという普遍的な枠組みの範囲にあり，その下部構造を形成する一方で，スポーツファイナンス固有の領域があり，その研究やビジネスモデルの蓄積こそがスポーツファイナスのみならず，中心にある普遍的なファイナンスを豊かにするものであると論じ，スポーツファイナンスを理解するうえで，「普遍性と固有性」，「中心と周縁」を意識することが重要であるとしている

（武藤，2008）。これらの指摘から分かることは，スポーツマネジメントを経営学研究の一領域として，その研究を実践し，その学術的な価値を高めていくためには，体育・スポーツ学的な素養やアプローチのみではなく，経営学的な素養やアプローチが求められるということである。その意味では，スポーツマネジメントを自転車に例えるならば，体育学と経営学はその両輪であると言うことができる。いずれかが欠けても前に進むことは不可能であるということであり，スポーツプロダクトやスポーツ消費者に焦点を当てた体育・スポーツ学的なアプローチのみならず，一般経営学的なアプローチからもスポーツマネジメントを明らかにしようとする研究もまた必要であり，両者の豊かな対話こそが学問としてのスポーツマネジメントの発展には求められると言うことができよう。

　しかしながら，わが国において経営学的なアプローチからスポーツマネジメントに関する研究を試みたものは少ないのが実情である。とりわけ戦略の形成，内容，組織マネジメントなど戦略論，組織論的な研究については十分試みられていない。スラック（1994）は，アメリカにおけるスポーツマネジメント研究の現状として豊かな経営学的なバックボーンを有する研究，とりわけ戦略論，組織論領域の研究の少なさを指摘しているが，それはスラックの指摘から 20 年以上が経過したわが国においても同様であると言える。しかしながら，経営戦略はアルフレッド・チャンドラー・ジュニアの指摘にさかのぼるまでもなく，組織の目標達成を実現するための計画であり，組織の経営活動における根幹であり，それを支える組織デザイン等の組織マネジメントもまた経営活動における根幹であり，経営戦略論と経営組織論は経営学における主たる研究領域となっている。スポーツ組織の経営活動を研究対象とする特殊経営学であるスポーツマネジメントにおいてもまた，その内容を充実させていくためには，戦略論，組織論などの視角からスポーツマネジメント研究が展開されていく必要がある。

　そこで本章では，理論・実践へ貢献性の高いスポーツマネジメント研究を展開していくために，スポーツマネジメントが体育・スポーツ学と経営学の両方の視点と素養が求められることを再度確認した上で，この二つのアプローチがどのように包摂されていくべきなのかを

研究課題としたい。

　なお，本章においては，混在するスポーツマネジメント領域における多様な用語を，先行研究を踏まえ整理を試みた松岡（2010）を踏まえ，「スポーツ産業」をスポーツに関連するビジネスを行う組織の集合体，そこで実践されるのが「スポーツビジネス」であると定義したい。このスポーツビジネスは「スポーツ事業」と同義であり，その事業の遂行に必要であるのが「スポーツマネジメント」であり，「スポーツ経営」はスポーツマネジメントと同義として捉え，議論を進めたい[2]。

第2節　スポーツマネジメントの定義と対象

　本節では，後の議論の土台となる資料を提供するために，先行研究に依拠しながらスポーツマネジメントの学問的な源流や発展の経緯，その定義，対象範囲を確認したい。

　スラック（1994），チェラデュライ（2017）などによって論じられているように，アメリカにおけるスポーツマネジメントの源流は，学校体育の管理運営である"administration of physical education"に求められる。そこにおける具体的な関心事項としては，スポーツ施設の維持管理，体育大会等の体育行事の企画・運営，学内の体育プログラムの管理運営，体育関係の用具の購入や在庫管理などが挙げられる（Slack, 1994 ; Chelldurai, 2017）。大学，高校などの学校スポーツの規模的な拡大やビジネス化，プロスポーツチーム，リーグ，フィットネスクラブなどのアメリカの市民生活や経済生活におけるスポーツ組織の台頭などにより，その存在が学術研究としても無視できないものとなってきたことに伴い，スポーツマネジメントは，学校体育のみを研究対象とするものからプロスポーツや地域スポーツなど，民間・地域のスポーツ経営活動にもその包摂領域を拡大させ今日に至っている。

　こうしたスポーツマネジメントにおける源流と発展の流れはわが国のスポーツマネジメントにおいても同様である。

　清水（2002），筑紫（2003）などは，わが国における体育・スポーツ経営学の源流を明治期に誕生した「体育管理学」に求めている。体

育管理学の主たる研究領域としては，指導者の管理，施設用具の管理，財務管理などが挙げられ，そこでは学校の体育活動を有効に進めるための「体育における管理の仕事」を考察することが研究対象とされていた（清水，2002）。また，清水（2002）は，体育管理における管理のはたらきを「体育現象の中の管理」，「体育経営の中の管理」，「体育行政の中の管理」の三層に分けて整理し，「体育経営の中の管理」を体育管理学の中心テーマに据えることで，体育管理学から体育・スポーツ経営学への発展を理論的にリードしたのが筑波大学の教授であった宇土正彦であるとしている。佐野・冨田（2012）なども，宇土正彦が記した『体育管理学』が公刊された1970年をもってわが国の体育管理学が成立したとしている。

　また，筑紫は，高度経済成長期でもある昭和30年代以降の学校体育活動の広まりに伴い，学校体育の管理を理論的に捉えることを目的とする「体育管理学」の構築が社会的に要請されるようになり，体育学者によりその学問的なアプローチが試みられたことを指摘している（筑紫，2003）。

　わが国においても，学校体育の管理運営を対象とする体育管理学，体育経営学が，国民生活におけるレジャーへの注目の高まりによる国民のスポーツ活動の高まりや，プロスポーツ，スポーツクラブ，総合型地域スポーツクラブなどの民間スポーツ組織の台頭により，体育経営学はその包摂範囲を民間のスポーツ組織にも拡張した経緯はアメリカにおけるスポーツマネジメントの発展と同様であると言える。宇土の後継の筑波大学教授であった八代勉，柳沢和雄などは，自らが主体となって編集した教科書のタイトルは「体育管理学」，「体育経営学」ではなく，「体育・スポーツ経営学」という用語を用い（八代・中村，2002；柳沢他，2017），八代などは体育・スポーツ経営学の対象として学校体育以外の教育委員会，企業における福利厚生，民間スポーツクラブ，フィットネスクラブなどを挙げ，その対象範囲を拡張させている（八代・中村，2002）。

　このように，スポーツマネジメントは学校体育の管理運営を主たる研究領域とする体育経営学を母体とするものではあるが，先述の体育経営学のパイオニアである宇土（1990）は，両者は同様のものではな

く，別のものであるとしている。宇土は学校による営みは体育経営であり，教育機関以外による営みはスポーツ経営であると区分している（宇土，1990）。その意味では，スポーツマネジメントは体育経営学を出自とはするものの，別の学問であると捉えることが可能である。

　次に，先行研究を踏まえ，スポーツマネジメントがどのように定義されているかを見ていきたい。スポーツマネジメント研究界を代表する研究者コミュニティである北米スポーツマネジメント学会（North American Society for Sport Management : NASSM）は，スポーツマネジメントを「あらゆる領域の組織によって事業として営まれる特にスポーツ，運動，ダンス，遊びに関連した経営理論と実践」（Parks & Olafson, 1987 ; 3）と定義している。このように，設立初期の北米スポーツマネジメント学会ではスポーツマネジメントの対象を広範に設定しているが，それは松岡（2010）が指摘するように，この学問領域を，当時のスポーツマネジメント研究に従事していた研究者たちが明確に定めることができなかったことに起因していると指摘することができる。チェラデュライ（1994）は，"European Journal of Sport Management"の創刊号において，スポーツマネジメントを「スポーツサービスの効率的な生産と交換（マーケティング）のための資源，技術，プロセス，人材，即応的な緊急事態の調整」（Chelldurai, 1994 ; 15）であると定義している。チェラデュライの定義からは，「効率的な生産と交換のための資源，技術，プロセス，人材，即応的な緊急事態の調整」はスポーツ以外の企業の経営活動にも求められるが，対象を「スポーツサービス」に限定することにより，スポーツサービスに携わる企業や組織ならではの経営現象や経営方法などを明らかにすることにより，一般経営学との差異化，インプリケーションを見出していくことを目指そうとする意図が表れていると言えよう。また，チェラデュライ（2017），チェラデュライ（1994）の定義においては，スポーツマネジメントはレクリエーション・スポーツや健康のための運動などの身体活動をも含むものであるとし，広い意味での身体活動を含むものであると捉えている。スポーツマネジメントを体育教育施設の管理運営からスポーツ経営領域のマネジメントを対象とする学問へと発展させることに貢献をなした研究者の一人であるジーグラ

18

ー（2007）は，スポーツマネジメントの担い手であるスポーツマネジャーを「すべての年代の人々に向けたスポーツのプログラムにおける目的を計画，組織化，人材の雇用，先導する人物」であると定義している。これらの研究者たちの定義からは，彼らがスポーツマネジメントはスポーツプロダクトの生産，流通に関わるマネジメント行為であると捉えていると理解することが可能である。

　次に，わが国においては，スポーツマネジメントはいかなる定義がなされているのかを検討したい。まず，わが国の代表的な体育経営学者であった宇土（1990）は，スポーツ経営とは，人々にスポーツ行動を促すという目標をもった目的的な活動（営み）であるとしている。人々がスポーツ行動を促されることにより，そこに教育的な意味を見出したり，生活の中の楽しさ，充実感などが豊かにすることや，企業の経済的利益の増収が得られることなどその究極的な目的は，その経営者の経営方針により差異が生じ，その目的に沿うよう運営の仕方も工夫されるとしている（宇土，1990）。宇土の定義からは，スポーツマネジメントの対象が，教育組織に限定されず民間企業や自治体，非営利のスポーツクラブなどをもその対象とすることが暗示されており，体育経営学からその広がりを見せているものと言うことができる。それだけでなく，宇土はスポーツマネジメントの対象となる組織がすべからく人々のスポーツ行動に資する存在であるべきとしており，スポーツ行動と経営活動との関わりこそがスポーツ経営学の学問的な独自性となることも同様に暗示している。後の論文において宇土は，スポーツ経営は経営活動のアウトプットとしてのスポーツ事業を人々に提供することに特徴があり，学としての独自性があると論じている（宇土，1991）。宇土の後を継ぎ，筑波大学体育経営学研究室の教授となった八代（1993）もまた．スポーツ経営は，文化としてのスポーツの振興を目指すものでなければならないとしている。

　現在，筑波大学において教授として体育・スポーツ経営学の教鞭を取る清水（2002）は，宇土の定義を踏襲し，体育・スポーツ経営は，スポーツ行動の成立，維持，発展を通して人々の豊かなスポーツ生活を実現させることを目的とした営みであるとの前提の下，体育・スポーツ経営を，体育・スポーツ組織が，人々のスポーツ行動の成立・発

展・維持を目指して，体育・スポーツ事業を合理的・効率的に営むことであると定義している。また清水（1994）は，スポーツ経営学はスポーツ生活者のスポーツ生活の質を高めることがその目的であり，その意味では，スポーツ生活者の生活経営の営みを究明・提案することがその基本的課題となるとしている。このように清水は，スポーツ生活者への貢献性，それによるスポーツ文化の振興こそがスポーツ経営学の学術的，実践的な存在意義であると認識しており，その目的については，宇土，八代の見解を踏襲している。

　山下（2006）は，経営がその基本に据えられるのが経済的視点であること，経営は本質的に生産の諸要素を結合してこれを生産力化するという具体的な課題をもっていることを踏まえたうえで，スポーツ経営を「スポーツ活動の生産と販売を目的に諸資源の展開を図ること」（山下，2006；23）と定義している[3]。その究極的な目的を，スポーツ活動の創出，活性化とし，スポーツ経営とは，経営の視点からその活動を調整し，活性化させていくことであるという部分は，宇土，八代，清水らの定義と共通している。

　松岡はスポーツマネジメントを取り巻く現象が複雑かつ多様性を帯びてきた現状を踏まえ，スポーツマネジメント概念の再検討を試み，スポーツマネジメントを「するスポーツと見るスポーツの生産と提供にかかわるビジネスのマネジメント」（松岡，2010；42）と定義している。多様なスポーツ組織がその担い手となりうることを想定している部分では国内外の先行研究と重なりがあり，生産と提供にかかわるビジネスのマネジメントという部分についてはチェラデュライ（1994）などの指摘とも重なりがある。しかしながら，「スポーツ価値の向上」などの究極的な課題について言明はなされておらず，あくまで組織によるスポーツの生産と提供のためのマネジメントであると規定している部分は，国内の先行研究とは一線を画するものであると言える。

　以上，国内外のスポーツマネジメントの定義を検討したが，その究極的な目的をどこに置くかについて研究者により差異が見られたものの，スポーツマネジメントがスポーツの生産，流通，提供に関わる組織のマネジメントであり，そこにこそノンスポーツの製品・サービ

スを取り扱う企業や組織のマネジメントとの差異とスポーツマネジメントならではの独自性が見られ，スポーツマネジメントは民間，非営利など多様な組織が対象となりうるという部分については国内外の諸研究において合意がなされていると考えて差し支えない。

　本節の最後は，スポーツマネジメントの対象について，先行研究ではどのように取り扱われてきたのか検討したい。

　先述のように，北米スポーツマネジメント学会では，スポーツマネジメントを「あらゆる領域の組織によって事業として営まれる特にスポーツ，運動，ダンス，遊びに関連した経営理論と実践」（Parks & Olafson, 1987 ; 3）と定義している。その意味では，当該学会における定義においては，スポーツ，運動，ダンスに関連した事業を営むものであれば，それはスポーツマネジメントの対象とされるということになり，その範囲は極めて広範になる。当該学会における定義はあいまいである一方で，今日広範かつ複雑化しているスポーツマネジメント現象を広く捉えることを可能とする利点もある。

　チェラデュライ（1994, 2017）は，スポーツ組織が提供するスポーツプロダクトを，「スポーツ用品」，消費者が自ら喜びや健康のために参加する「参加型サービス」，楽しみやサードプレイス確保を意図した「スペクテイタースポーツ」，企業による市場へのアクセスを意図した「スポンサーシップサービス」，寄付などによる利他的精神，自己満足などの「精神的な便益」，健康，アクティブなライフスタイルなどスポーツ組織が掲げる「社会的な理念」の 6 つに分類している。スポーツマネジメントの対象が，スポーツプロダクトの生産，流通者であるならば，チェラデュライ（1994, 2017）の想定するスポーツマネジメントの対象とは，これらのスポーツプロダクトを事業として取り扱う組織であるということになる。

　国内の先行研究に目を向けると，わが国のスポーツマネジメント研究の第一人者である原田（2015）は，スポーツ産業を「スポーツ用品産業」，スポーツ情報の提供を行う「スポーツサービス情報産業」，「スポーツ施設空間産業」の 3 つに分類可能であるとし，スポーツ用品産業とスポーツサービス情報産業にまたがる「スポーツ関連流通業」，スポーツ施設空間産業とスポーツサービス情報産業にまたがる「施

設・空間マネジメント産業」，スポーツ用品産業，スポーツサービス情報産業，スポーツ施設空間産業の3つにまたがるハイブリッド産業が存在するとしている。

　スポーツ関連流通業は，スポーツ用品メーカーが卸売業や小売業などに進出したり，小売業が商品の企画開発を行う行為などが対象となる。施設・空間マネジメント産業は，ハードとしての施設・空間にソフトであるサービス・情報が加味されて生まれたビジネスであり，フィットネスクラブやテニスクラブなどのクラブビジネス，スイミングスクールやテニススクールなどのスクールビジネスが含まれる。最後のハイブリッド産業は，用品，情報，施設のすべてを含む複合領域であり，プロスポーツやスポーツツーリズムなどが含まれる（原田，2015）。

　清水（2002）は，体育・スポーツ経営組織として「学校の体育経営組織」，体育協会やレクリエーション協会，総合型地域スポーツクラブなどの「地域の非営利スポーツ経営組織」，教育委員会などの「体育・スポーツ行政組織」，フィットネスクラブ，ゴルフ場などの「民間営利スポーツ経営組織」，職場の福利厚生などを行う「職場スポーツ経営組織」の5つを挙げており，これらの組織の営みが体育・スポーツ経営学の対象となるとしている。

　最後に，松岡（2010）はリ他（2001）の提示したモデルを日本のスポーツ産業にあてはめ，スポーツ産業は，プロスポーツ，企業スポーツチーム，大学，高校のスポーツチームと管理組織，スポーツ関連行政組織，フィットネスクラブなどが含まれる「スポーツプロデューシングセクター」を核とし，その周縁にサブセクターとして「スポーツ統括組織」，「スポーツ用品（製造・卸売・小売業者）」，「スポーツ施設（設計・建設・管理）」，「スポーツメディア（テレビ，新聞，雑誌など）」，「スポーツマネジメント会社（エージェント，イベントマネジメント，コンサルタントなど）」，「スポーツ行政（地方自治体のスポーツ担当部署など）が存在するとしている。

　これらの分類の中において，チェラデュライ（1994）はこの中のスポーツ用品の製造は，一般経営学で十分包摂可能な領域であるとし，スポーツマネジメントの対象は，多様なスポーツ組織により生み出さ

れるスポーツサービスであるとしている。国内の研究者においてもチェラデュライと同様の指摘がされており，八代（1993）は，スポーツ経営は「行うスポーツ」および「見て楽しむスポーツ」を直接事業として扱う経営体の活動の総称であるとし，スポーツ用具の製造販売する経営体の活動はそこには含まれないとしている。また松岡（2010）も，スポーツマネジメントの対象となるのは，「スポーツマネジメント」の固有性や特異性を見いだせる領域に限定されるべきであるとしている。

　以上，本節では，スポーツマネジメントの起こりと発展，定義，対象について先行研究に依拠しながら明らかにした。スポーツマネジメントは学校体育の管理運営をその源流としており，スポーツ概念の広まりと人々の関心，経済活動への影響の高まりとともに，多様なスポーツ経営活動をその対象へと包摂し，「スポーツマネジメント」に発展したこと，先行研究においてはそれが本来的な人間のスポーツ活動から生み出されるスポーツプロダクトの生産と流通の従事する組織の経営活動を対象とするものであることが明らかにされた。さらには，宇土，八代，清水など体育・スポーツ経営学を主たる研究領域とする研究者はそれが人々のスポーツ生活に資することが究極の目的として掲げられていることも確認された。本節における今までの議論を踏まえると，国内外のスポーツマネジメントは，体育・スポーツの学術と実践の発展を究極の目的として，主に体育学のバックボーンを有する研究者たちの手により体育学のフィールドの中で議論が展開され，発展がなされてきたと指摘することができる。

第3節　わが国スポーツマネジメント研究の現状

　次に，具体的にわが国のスポーツマネジメント研究の現状について検討していきたい。

ここでは，わが国のスポーツマネジメント研究の現状と動向を捉えるために，日本スポーツマネジメント学会の学会誌である『スポーツマネジメント研究』，日本スポーツ産業学会の学会誌である『スポーツ産業学研究』，日本体育・スポーツ経営学会の学会誌である『体育・スポーツ経営学研究』の三誌を中心とした検討を行う。三誌はおおよ

そ 10 年間の動向を分析対象としているが，三誌において掲載論文数のばらつきが存在するため，三誌の検討論文数をおおよそ均等化するため，『スポーツマネジメント研究』は第 2 巻第 1 号から第 10 巻第 1 号（2010〜2019 年），『スポーツ産業学研究』は，第 27 巻第 1 号から第 29 巻第 4 号（2017〜2019 年），『体育・スポーツ経営学研究』は，第 20 巻第 1 号から第 32 巻（2006〜2019 年）までを検討の対象とした。これらの論文はすべて Jstage での閲覧が可能である。

　まず，日本スポーツマネジメント学会の学会誌である『スポーツマネジメント研究』に 2010〜2019 年に掲載された全 21 本の原著論文の傾向を明らかにしたい。研究フィールドは，プロスポーツが一番多く（14 論文），そこにおける観戦者やファンの特徴を消費者行動論の枠組みを明らかにしていこうとする論文が一番多かった。定量調査を研究手法としている研究が一番多く，18 論文である一方で定性調査を研究手法として選択している論文は一本も存在しなかった。次に，学問分類であるが，消費者行動論に分類される論文が 16 論文であった。その他の学問領域に分類される研究としては，計量経済学 2 論文，財務会計論 1 論文，マーケティング論（プロダクト研究）1 論文，経営組織論（マクロ組織論）1 論文であった。このように，『日本スポーツマネジメント』では採用される研究方法，研究フィールド，著者がインプリケーションを目指す学問領域に著しい偏りが見られている（第 1 章巻末資料 1 参照）。

　次に，日本スポーツ産業学会の学会誌である『スポーツ産業学研究』に 2017〜2019 年に掲載された全 33 の原著論文の傾向について明らかにしたい。同誌においてもまた，研究フィールドとしては，プロスポーツが一番多く選定されている（9 論文）が，圧倒的多数というわけではなく，大学スポーツも 9 論文研究フィールドに選定されている[4]。プロスポーツ，大学以外も学校（小中高）スポーツ，トップスポーツ，企業スポーツ，スポーツイベント，中央競技団体など，その研究フィールドは多様である。研究手法も，『スポーツマネジメント研究』同様，定量調査が一番多く選好されている（19 論文）。『スポーツマネジメント研究』と異なり，定性調査を用いているものも 6 論文存在している。掲載論文が寄って立つ学問領域も，消費者行動が一番多いが（6

論文），コーチング論，運動方法論，スポーツ心理学，人的資源管理論，非営利組織論など『スポーツマネジメント研究』よりもバラエティがみられる。その一方で，特定のスポーツ産業現象を明らかにすることに重点が置かれるあまり，どのような学問領域に立脚しているのか不明であり，学問領域を未分類としたものも 12 論文存在した（図表 1-2 参照）。学問分類を「未分類」とした論文，コーチング論，運動方法論，スポーツ心理学などスポーツマネジメントを対象としていない論文を除くと，消費者行動に分類される論文が圧倒的に多くなり，定量調査が圧倒的に多く選好されている現状が伺える（第 1 章巻末資料 2 参照）。

　最後に日本体育・スポーツ経営学会の学会誌である『体育・スポーツ経営学研究』に 2006〜2019 年に掲載された全 18 論文の動向を明らかにしたい。同誌においては，定性調査が一番多く選好され（8 論文），その次に定量調査が多く選好されており（7 論文），『スポーツマネジメント研究』とは対照的な動向が見られた。『スポーツマネジメント研究』と『スポーツ産業学研究』において主たる研究フィールドであったプロスポーツの論文は 1 本しかなく，学校スポーツ（7 論文），総合型地域スポーツクラブ（3 論文），地域スポーツ（3 論文）などが中心を占めていた。掲載論文が寄って立つ学問領域は，先の両誌とは異なり，消費者行動論をベースとする研究は少なく（3 論文），経営組織論領域における経営理念，イノベーション，知識創造など多様であり，両誌よりも，専門性の高い経営学理論に依拠している（第 1 章巻末資料 3 参照）。以上から『体育・スポーツ経営学研究』においては，その前身が日本体育経営学会という名称であった事実が示している通り，その主たる研究対象が学校体育であり，学校体育における経営現象を明らかにしていく体育経営学であると言うことができよう。

　以上，簡潔ではあるが，わが国の主要なスポーツマネジメント領域の学会誌から，わが国のスポーツマネジメント研究の動向を紹介した。そこから導出されるわが国のスポーツマネジメント研究の現状は以下に集約される。

　一点目は，定量調査をベースとする消費者行動論への偏りである。そこでは，スポーツ観戦者，スポーツ消費者の動向や姿を明らかにす

ることにより，スポーツマネジメントの現場，実践への高い還元性を
目指そうとしていることは理解可能であるし，インプリケーションの
高い行為であると言えよう。しかしながら，スポーツマネジメントは，
その名の通り，スポーツ組織のマネジメント，すなわち経営活動をそ
の研究対象とするものである。消費者行動から導出されるデータを使
いこなす組織活動の営みにこそ目が向けられ，そこへのインプリケー
ションを目指すことにも焦点が当てられなければならない。

　先述のようにミンツバーグ（2004，2009）は真のマネジャーを育成
していくためには，サイエンスのみならず，創造性を後押しし，直観
とビジョンを生み出す「アート」と，目に見える経験を基礎に，実務
性を生み出す「クラフト」が必要であることを指摘している。しかし
ながら，ミンツバーグは，マネジャーの育成を担う機関であるビジネ
ススクールでは，その習得に豊富な実務経験が求められ，教える側に
も高度な技能が求められるアートとクラフトではなく，経験の浅い学
生でも習得可能で，教授が比較的容易な形式知，すなわち分析とテク
ニック，言語化しやすい理論の教授に専念している現状を指摘し，
MBA 教育が「サイエンス」偏重となっていることを指摘している
（Mintzberg，2009）。消費者へのアンケートに基づく定量調査による
マーケティング・リサーチは，ミンツバーグの指摘するところのサイ
エンスの中核に位置するものであると言える。サイエンスはマネジメ
ントの一角を担うものであり，それがすべてではない。その意味では，
消費者行動研究とその調査手法や分析手法への偏りを見せるわが国
のスポーツマネジメント研究もまた，その研究視点を分析手法から経
営手法へと拡張させる必要があると言えよう。

　大野は，こうした定量調査に基づく消費者行動研究のスポーツマネ
ジメント研究上のプログレスはあったことを認めつつも，その研究と
経営活動，すなわちマネジメントに関する研究との繋がりが弱く，ス
ポーツマネジメントが学問的な独自性を構築していくためにも，スポー
ツ消費者やそれが提供するスポーツプロダクトとマネジメントと
の繋がりを視野に入れた「経営的な」研究が展開される必要性を論じ
ている（大野，2014）。

　二点目は，経営学，会計学，マーケティング理論に立脚しておらず，

もっぱらラグビー，オリンピックなど特定のスポーツ現象を分析することに意識が置かれている研究が少なくないことである。松岡（2010）は，スポーツマネジメント関連の学会大会において研究の対象領域でしか区分できない研究が少なくないことを指摘しており，それらが研究対象における何の研究であるのか，マーケティングや人材マネジメントなどマネジメント機能を含んだ研究であるべきと論じている。松岡はそうすることでマネジメント機能ごとに研究を集約することが可能となり，知識体系を整理することが可能となるとしている（松岡，2010）。また，原田（2010）なども，スポーツプロスポーツクラブのマーケティング研究において，モデルの検証や因果関係の報告が中心であり，具体的な経営戦略の提示までに至っていないことを指摘している。

　また，特定の経営学理論に立脚はしているものの，その文献研究や理論的な掘り下げが十分ではない研究も散見される。わが国のスポーツマネジメント研究の潮流ではないが，スラック（1994）は，80〜90年代のアメリカにおけるスポーツマネジメント研究において，一般経営学に関する理論的な文献への注目がほとんど高まらなかったことを指摘し，正しい，そして現在の経営学研究に基づいていないスポーツマネジメント研究は，その貢献と一般性についておぼつかないものとなるとしている。スラックの指摘は，時代，そして国が異なるが，現在のわが国におけるスポーツマネジメント研究にも共通する問題点であると言えよう。武藤（2008）などは，スポーツマネジメントが特殊経営学であることを指摘した上で，その姿を明らかにしていくためには，普遍性に相当する経営理論を基盤として，特殊性であるスポーツ経営現象を明らかにしていく必要性を指摘している。

　最後，三点目であるが，スポーツ組織の経営活動の全体を捉えるマネジメント的な研究の少なさが挙げられる。中村他（2010）のようなマーケティング論，趙他（2019）のような組織文化論，柴田・清水（2019）のような経営理念など特定の経営，マーケティング理論に立脚し，スポーツ組織経営へインプリケーションを与えようとする研究はあるものの，少数派と言わざるを得ず，スポーツ組織が活用するためのデータの提供を主目的とする研究が多いのが現状であると言える。また，

特定の経営学理論に立脚しようとして研究を行おうとする研究が比較的多い。『体育・スポーツ経営学研究』における原著論文は，そのフィールドが学校体育と総合型地域スポーツクラブの非営利領域への偏りがあり，営利領域のスポーツ組織のマネジメント活動に焦点を当てた研究はほとんどないのが現状である。また，三誌においては，組織の目標達成のための計画である経営戦略論に分類される研究が1論文も存在しない。しかしながら，経営戦略は企業の目標達成やその存続・成長において重要な役割を果たすものであり，一般経営学においては，経営戦略論は代表的な地位に君臨する学問であり，一般経営学の代表的な学会である日本経営学会や組織学会においては経営戦略に関する研究報告や研究論文も多く報告されたり，掲載されている。

　スポーツマネジメントが，スポーツ組織のマネジメント活動を主たる研究目的とするのならば，今後，消費行動者研究とマネジメント研究のバランスの良い発展が求められる。

第4節　体育学研究者以外のわが国スポーツマネジメント研究の担い手について

　わが国のスポーツマネジメント研究の主たる担い手としては，わが国のスポーツマネジメント研究の第一人者の原田宗彦，筑波大学体育経営学研究室教授の柳沢和雄，清水紀宏など筑波大学，早稲田大学，大阪体育大学，海外の大学等の大学院における体育学領域で学修を収めた体育学研究者，広瀬一郎（故人），武藤泰明，平田竹男，小林至などスポーツマネジメント関連の実務経験を積み，大学教員に転身，あるいは実務を行いながら研究活動を行う実務経験・従事者が挙げられる。少数派としては，東北大学にて博士（経営学）を取得した松野将宏，大阪産業大学経営学部教授永田靖，熊本学園大学大学院会計専門職大学院准教授角田幸太郎，愛知工業大学経営学部専任講師の老平崇了，九州産業大学人間科学部教授の西崎信男，武庫川女子大学スポーツ・健康科学部教授の久富健治，本書の筆者である帝京大学経済学部准教授大野貴司などの一般経営学，会計学領域の学修を収め，スポーツマネジメント研究を行う経営学・会計学研究者[5]が挙げられる（第5節にて詳述）。

体育学研究者によるわが国のスポーツマネジメント研究の現状と問題点については，第3節で学会誌における分析を通じ解明を試みたので，ここではスポーツマネジメント領域の実務経験・従事者と一般経営学・会計学研究者によるスポーツマネジメント研究の現状と動向，問題点を明らかにしたい。上記のスポーツマネジメント領域の実務経験・従事者により執筆された過去10年以内の査読付き論文としては，ドラフト制度下におけるプロ野球選手の出身母体について検討した小林（2017），消費支出に占めるスポーツ支出の割合であるスポーツ係数」の視点からスポーツ産業の変遷について論じた平田他（2011），大相撲の財務分析を行った武藤（2011），欧州のプロサッカーリーグの放映権の配分ルールの変更がプロサッカークラブの価値に与える影響について分析をした武藤（2017）などがある。また査読論文ではなく，特集論文ではあるが，わが国を代表するスポーツマネジメント研究者であり，実務経験・従事者に分類される広瀬一郎の論文が2007年の『体育・スポーツ経営学研究』に掲載されている（広瀬，2007）。

　これら実務経験・従事者のスポーツマネジメント領域の論文についてであるが，目指すところはスポーツマネジメント実務への貢献であり，スポーツマネジメントの実態の解明である。その意味では，どのような理論に立脚しながら自身の研究を行っているのか，そして先行研究と自身の研究との位置関係が不明確な研究も少なくない。実践性への貢献は高い研究であるとは考えられるが，論文のタイトルにもあるようにプロ野球やプロサッカークラブなど，特定のスポーツマネジメントのおけるフィールドの実態を解明することに主眼が置かれており，どのような理論に立脚し，研究を展開するのか，そして自身の研究がスポーツマネジメントという学問にもたらす貢献が不明確である研究が少なくないのが実情である。その意味では，山城（1968，1970）の実践経営学の構成原理であるKAEのうちのE（Experience）への偏りが見られ，マネジメント理論として彼らの研究を昇華してくためには，K（Knowledge），すなわち経営理論への習熟が求められると言えよう。

　一方で，経営学，会計学をベースとする研究者によるスポーツマネジメント研究については，松野（2005，2013），大野（2010）などの

学術書として公刊されている体系的な研究が見られるが，そうした研究は依然として少ないのが実情である。近年では，一般経営学，会計学などを研究する学会においてもスポーツをテーマとする論文が掲載されるようにもなってきている（老平，2016；西崎，2017；角田，2015，2018，久富，2019 など）。今後，各研究者が体系的な研究成果を纏め上げることと，こうした点在しているナレッジを研究者同士の議論により統合し，経営理論を踏まえたスポーツマネジメント研究に関する新たなパースペクティブを提示していくことが求められよう。

第 5 節 「体育学」としてのスポーツマネジメントの限界，課題と「経営学」としてのスポーツマネジメント

　本節では，前章までの議論を踏まえ，学問としてのスポーツマネジメントの問題点，課題について論じたい。前章で確認したように，スポーツマネジメントは体育現場の実践上の課題から生じた学問であるゆえ，清水（1997）など自己認識では（特殊）「経営学」として研究を展開してきた研究者はいたものの，体育学の領域の中で研究が展開されてきたことは議論の余地がない。それを踏まえ，大野（2014）は，スポーツマネジメントの研究上の課題としてマーケティング戦略，経営戦略的研究の展開の必要性，組織論的研究の必要性，スポーツマネジメント教育・人材育成の必要性，スポーツマネジメントの学問的独自性構築の必要性を挙げている。具体的には大野は，スポーツマネジメント研究は，その対象（顧客）であるスポーツ消費者やそれが提供するスポーツプロダクトについての研究は定量調査を主たる研究手法として進められており，そこにおける研究上のプログレスはあったことを指摘しつつも，その研究と経営活動，すなわちマネジメントに関する研究との繋がりが弱く，スポーツマネジメントが学問的な独自性を構築していくためにも，スポーツ消費者やそれが提供するスポーツプロダクトとマネジメントとの繋がりを視野に入れた「経営的な」研究が展開される必要性を論じている（大野，2014）。

　スラック（1994，1998）も大野（2014）と同様の指摘をしている。スラックは，スポーツマネジメント研究の課題として，体育教育や体育プログラムから研究のフィールドを多様なスポーツ産業を構成す

30

る組織へと拡張することと，スポーツマネジメント研究者がスポーツマネジメントという学問が依拠する一般経営学理論に熟達する必要性を挙げている（Slack，1994）。具体的には，スラック（1994）は，一般経営学に関する理論的な文献への注目がほとんど高まってこなかったことを指摘したうえで，正しい，そして現在の経営学研究に基づいていないスポーツマネジメント研究は，その貢献と一般性についておぼつかないものとなるとしている。ハーディー（1987）なども，スポーツマネジメントの固有性を明らかにするためにも，他の産業との比較研究や，その前提として経営理論を抑える必要性を指摘している。武藤（2008）が指摘するように，特殊経営学であるスポーツマネジメントは普遍性に相当する経営理論を基盤として，固有性であるスポーツの経営現象を明らかにしていくことが求められる。その意味では，普遍性である経営理論と固有性であるスポーツの経営現象との相互作用の中で，スポーツマネジメントという学問が構築されると言うことができる。適切な相互作用のプロセスを構築するためにも普遍性である経営理論をスポーツマネジメント研究者が絶えず学修し，洗練させていく必要があるということである。そのためにはスラック（1994）は，スポーツマネジメント研究者各自が各々の経営学領域に関して最新鋭の研究書に触れ，それに熟達しておくこと，一般経営学の学会において研究成果を報告したり，一般経営学の学会誌に論文を投稿することで，一般経営学の研究者からフィードバックを得たり，その面白さや経営学研究のフィールドとしての魅力を伝え，スポーツをフィールドとした研究へと引き込むことを提案している。大野もまたスポーツマネジメント研究者が，今後親学問である経営学や組織論の研究者と積極的に関わっていくこと，自らの殻，陣地のみにとどまるのではなく，そうした研究者のフィールドに積極的に出向いていくことも今後のスポーツマネジメントの発展のために重要になること（大野，2014），時にはそうした研究者に対してスポーツマネジメントという研究対象の魅力を伝え，スポーツマネジメント研究へと引き込む必要があると論じている（大野，2010）。

　先述のように松岡（2010）などは，スポーツマネジメント関連の学会大会において研究の対象領域でしか区分できない研究が少なくな

31

いことを指摘しており，それらが研究対象における何の研究であるのか，マーケティングや人材マネジメントなどマネジメント機能を含んだ研究であるべきと論じている。松岡はそうすることでマネジメント機能ごとに研究を集約することが可能となり，知識体系を整理することが可能となるとしている（松岡，2010）。

　これも先述ではあるが，原田（2010）なども，スポーツプロスポーツクラブのマーケティング研究において，モデルの検証や因果関係の報告が中心であり，具体的な経営戦略の提示までに至っていないことを指摘している。

　スラック，大野，松岡，原田らにおいて指摘されているのは，スポーツマネジメントの両輪である経営学的な視角の基盤となる学修の素養の立ち遅れである。原田（2010）の指摘通り，国内外のスポーツマネジメント研究において，そこにおいて中核に据えられるべきスポーツ消費者やスポーツプロダクトを分析するためのモデルの洗練化や因果関係の構築などについては著しい進歩が見られている。しかしながら，国内外における大半のスポーツマネジメント研究者の関心の中核は，スポーツ領域におけるマーケティング・リサーチ研究であると言っても過言ではなく[6]，それを受けての具体的な経営戦略やマーケティング戦略の構築については関心が薄いのか，そこまでの議論が進んでいないのが現状であると言える。その意味では，今後のスポーツマネジメント研究においては，各研究者が定量調査による得られたデータや分析結果を具体的な戦略へと落とし込んでいくことと，そこにおいて求められる戦略理論やマネジメント理論の習得及び習熟が求められると言えよう。著名な経営学者であるミンツバーグはアメリカにおける MBA 教育は体系的な分析・評価である「サイエンス」に偏っていることを指摘し，真のマネジャーを育成していくためには，サイエンスのみならず，創造性を後押しし，直観とビジョンを生み出す「アート」と，目に見える経験を基礎に，実務性を生み出す「クラフト」が必要であることを指摘している（Mintzberg，2004）。マーケティング・リサーチは，ミンツバーグの指摘するところの「サイエンス」であり分析である。分析そのものはミンツバーグも指摘しているように戦略ではなく，戦略形成を支援する役割にしか過ぎないのである

（Mintzberg, 2004, 2009）。その意味では，マーケティング・リサーチによるハード・データを戦略形成においてどのように活用していくのかについても，スポーツマネジメント研究において，今後考察が深められていく必要があろう。

　一般経営学に目を向けると，山城は経営実践における原理は一般でも，実際は多様であるゆえ，実践は国や組織により多様であるとしている。その意味で，原理を基盤としながらも，それぞれの国ごとの特殊性を踏まえ，それに求められる実践能力の究明を図ろうとするアメリカ経営学，イギリス経営学，ソ連経営学，日本経営学，組織ごとの特殊性とそこで求められる実践能力の究明を図ろうとする企業経営学，官庁経営学，学校経営学，病院経営学，労組経営学の必要性を指摘している。この他山城は軍隊や宗教団体の経営学にもそれに応じた経営学の必要性を論じている（山城，1968, 1970）。

　山城の指摘になぞらえて考えていくならば，スポーツ経営体の経営活動の実際は，企業とも官庁とも異なるものであるゆえ，経営原理を踏まえながらも，その特殊性をおさえたスポーツ経営体ならではの経営学である「スポーツマネジメント」が求められると言うことができる。そして，このスポーツマネジメントは，武藤（2008）の指摘する「普遍性（経営学）」と「固有性（スポーツ現象）」の両側面を備えており，普遍性を基盤とするものであり，普遍性に相当する経営学がなければ，土台がおぼつかないものとなるゆえ，その理論構築には両者の健全な素養と相互作用が必須となる。

　一般経営学的なアプローチからのスポーツマネジメント研究が全くなされなかったのかと言うとそうではない。国内の単著書に目を向ければ，まずは東北大学大学院にて経営学の博士号を取得した松野将宏の著作が挙げられる。松野（2005）は，ビジネス領域におけるプロデューサー理論を地域スポーツクラブへと応用を試みた研究であり，東北大学に提出した学位論文がベースとなっている。松野（2005）に続く単著（松野，2013）では，松野は新制度派組織理論や制度的同型化などの制度的アプローチと社会構成主義に依拠しながら地域スポーツクラブのビジネスモデルを提示している（松野，2013）。次に，横浜国立大学大学院の博士後期課程で学修を収め，帝京大学経済学部

准教授として経営戦略論Ⅰ・Ⅱを主担当科目とする本章の筆者である大野が挙げられる。大野は，経営戦略論，経営組織論の視角からプロスポーツクラブの経営戦略が組織内外のステークホルダーとの相互作用のプロセスの中で社会的に構築されることを複数の国内のプロスポーツクラブの事例研究から提示し，その研究成果を単著書として公刊している（大野，2010）。同志社大学大学院にて総合政策科学の博士号を取得し，大阪学院大学経済学部准教授として教鞭を取った松野光範などは，Ｊリーグをイノベーションと捉え，イノベーションとしてのＪリーグが普及したプロセスを検討している（松野，2009）。長崎大学大学院にて博士（経営学）を取得した九州産業大学人間科学部教授の西崎信男などは，ファイナスの視点から海外プロサッカークラブのマネジメントに関する研究活動を展開している（西崎，2011 など）。中央大学大学院にて博士（経営管理）を取得した大井義洋は近年，経営学において注目を集めているプラットフォーム戦略とビジネス・エコシステムの視点からプロサッカーリーグ（中国，ヨーロッパ，アメリカ）の経営のメカニズムを明らかにしている（大井，2018）。

　共著書や学術論文にも目を向けると，少なくない著書や論文が存在している。水野他（2016）は，ライフワークとしてスポーツを研究のフィールドとしていない経営学，マーケティング研究者と心理学研究者がプロ野球をフィールドとして記された著書である。日本経営学会の理事，経営学史学会の理事長経験者の中央大学名誉教授高橋由明なども体育学者の早川宏子らとの共著でスポーツマネジメントをテーマとした書籍を公刊している（高橋他，2012）。東京大学，一橋大学で教授として教鞭を取り，現在は国際大学教授で日本経営史研究者の橘川武郎もまたプロ野球をテーマにした著作（橘川・奈良，2009）を横浜市立大学大学院の博士後期課程で経営学の学修を収めた奈良堂史（現・関東学院大学高等教育開発・研究センター准教授）との共著で公刊したり，単著で論文（橘川，2009）を記している。いずれも自らの専門領域である歴史的な視角からそのアプローチを試みている。なお，橘川の論文が掲載された『一橋ビジネスレビュー』第 56 巻第 4号では，スポーツビジネスに関する特集が組まれている。また，国内における一般経営学系のトップジャーナルの一つである『組織科学』

においても，一般経営学者である東北大学大学院経済学研究科准教授
の一小路武安によって記された J リーグクラブチームをフィールドと
した論文が掲載されている（一小路，2018）。コーポレートガバナン
スを専門領域とし，名古屋市立大学大学院にて博士（経済学）を取得
している愛知工業大学経営学部専任講師の老平崇了なども，自らの専
門領域であるコーポレートガバナンスの視点からスポーツ組織のガ
バナンスについての論考を試みている（老平，2016）。また経営組織
論を専門とし，北海道大学大学院にて博士（経営学）を取得している
京都産業大学経営学部准教授の赤岡広周は，経営学領域の先行研究を
踏まえ，環境状況―戦略―組織特性―組織成果というフレームワーク
を導出し，中央競技団体の実証研究を試みている（赤岡，2009）。先
述の奈良（2006）などは，経営戦略論の視角からプロ野球球団の戦略
分類（ローコスト，差別化）を試みている。

　会計学的なアプローチからスポーツマネジメント研究を試みた研
究者としては，広島大学大学院にて博士（マネジメント）を取得した
大阪産業大学経営学部教授永田靖，九州大学大学院の博士後期課程に
て博士号（経済学）を取得した熊本学園大学大学院会計専門職大学院
准教授の角田幸太郎などが挙げられる（永田，2010，角田，2015，2017
など）。

　海外のスポーツマネジメント，スポーツマーケティング研究に目を
向けると，単なる定量調査によるデータの提供だけでなく，消費者行
動研究を超えた実践への示唆を与える試みもなされている。一例を挙
げれば，スポーツパフォーマンス，スポーツ製品，スポーツプロモー
ションスポーツ産業におけるセグメントモデルの導出（Pitts et al.,
1994），スポーツファンのロイヤリティ区分とそれぞれに有効な戦略
についての言及（Mahony et al., 2000），スポーツファンの観戦回数ご
との分類とそのエスカレーターモデル（Mullin, 2000），ファンのロイ
ヤリティの高め方（Sutton & Parrett, 1992），CRM（Cousens et al., 2001），
FRM（Fan Relationship Management；Adamson et al., 2005）の必要な
どが提唱されており ，Amis et al.（1997）が，スポーツ・スポンサー
シップの立場から，Smart & Wolfe（2000）が，カレッジ・スポーツの
立場から持続的競争優位をもたらす内部資源，すなわち経営戦略論の

代表的研究視角である資源ベース・アプローチからスポーツ組織にアプローチしている。

　以上，本節では，スポーツマネジメント研究の両輪における「体育・スポーツ」への偏り，その中でもマーケティング・リサーチ的研究への偏りを指摘したうえで，学問としてのスポーツマネジメントの健全な発展のためには，両輪のひとつであり，土台でもある「経営学」における各研究者の素養の滋養と継続的な学修による土台となる経営理論の構築の必要性を提示した上で，経営学的な視角から試みられている研究を紹介した。しかしながら，これらの研究は，個々人の研究者の手により展開されており，個々に点在しているのが実情であり，体系的にまとめられ，統一されているとは言い難いのが現状である。その意味では，こうした研究が共有され，形式知化され，新たな形式知の土台となる暗黙知の形成までは至っていないのが実情である。松岡（2010）が指摘するように，これらの個々に点在している研究が知識として集約されることによりスポーツマネジメントは学問としてのさらなる発展を見せるものと考えられる。それこそが今後のスポーツマネジメント研究の課題のひとつと言えよう。

第 6 節　　若干の考察—体育学的アプローチ，コンサルティング的アプローチと経営学的アプローチの包摂を可能とするスポーツマネジメント研究の構築にむけて—

　本節では，今までの議論を踏まえ，スポーツマネジメントが学問・研究として今よりもさらに発展を遂げるためのパースペクティブを提示したい。

　本章において数回述べているように，スポーツマネジメントが自らを「特殊経営学」であるとカテゴライズするのならば，流行のトピックや話題のフィールドを後追い的に研究するのではなく，自らが寄って立つ基盤を明確化したうえで，その枠組みを構築するための理論の習得に励み，それを絶えず洗練していかなければならない。その基盤こそが経営学であり，経営理論であることは既述の通りである。現在，スポーツマネジメント研究は，体育学をバックボーンとする研究者，実務経験をバックボーンとする実務経験者，ごく一部の経営学・会計

36

学研究者の手によりその研究が進められ，自由な議論が展開されている。しかしながら，それぞれが有するバックボーンや問題意識，研究方法論，ナレッジの違いにより，流行のトピックや特定のフィールド（大学スポーツやラグビー，オリンピックなど）に関する議論に終始し，当事者の間で一時的な満足感を得るのみに留まり，真の意味で実りある議論が展開されておらず，多くの研究者や実務家が関心を寄せている定量調査をベースとするマーケティング・リサーチ研究を除いては研究上のナレッジが研究者コミュニティである学会に蓄積されているとは言い難いのが実情である。

　そうしたスポーツマネジメントの研究に従事する研究者や実務家の間の齟齬を解消し，特殊経営学としての基盤を構築するためにも，スラック（1994）が論じているように，各研究者が自らが基盤とする経営学理論の学修を継続し，それに熟達することが求められる。スポーツマネジメント研究に従事する各研究者間で，そうした共通の「土台」があってこそ初めて各々のバックボーンを活かした実りある議論が展開されるであろう。松岡（2010）の言葉を借りるならば，プロ野球やJリーグなどの研究の対象のみではなく，経営戦略，経営管理・戦略，マーケティングや人的資源管理などのマネジメント機能とそれに付随する経営理論の学修を重ね，一般経営学領域における研究の展開や潮流をおさえる必要があり，スポーツマネジメント現象を捉える理論枠組みはそれを基盤として構築されるべきということである。これも既述になるが，山城（1968，1970）も学校経営学や病院経営学などの特殊経営学とは，一般の経営理論を土台とし，それを踏まえ，用いながら事象を分析していくことが求められるとしている。このように，それぞれの研究者が，自らの研究基盤として経営学理論をおさえることにより，はじめてスポーツならではのマネジメント現象を捉え，描き出していくこと，すなわちスポーツマネジメントを学術的な意義のある学問にしていくことを可能にすると言えよう。こうした構築されたスポーツマネジメント理論は実務家には自らの実務や研究に含意をもたらすものとなり，スポーツマネジメント研究者には自らのナレッジの構築と研究における先行研究を豊かなものとするだけでなく，そこにおいて構築された理論が魅力あるものであればあるほど新

たな一般経営学研究者や体育学者，実務家をスポーツマネジメント研究へと誘い，スポーツマネジメント研究へと引き込み，スポーツマネジメント研究における議論をさらに豊かなものとし，スポーツマネジメント理論の社会的構築を促進させていくことを可能とするのである[7]。そして，こうして社会的に構築されたスポーツマネジメント理論は，その実践的な担い手であるスポーツマネジメント領域の実務家に対してその経営実践における基盤（KAE で言うところの K）を提供することを可能とするのである。そのような意味では，スポーツマネジメントにおける研究者はその実務家に対し，マーケティング・リサーチ上のデータを提供することにその貢献を留めるのではなく，彼らの経営実践上の思考基盤を提供することこそにその存在意義が求められるのである。それこそがスポーツマネジメント研究者が，社会科学者として社会に対してできる貢献であると言えよう。

　以上，今後のスポーツマネジメント研究においては，各研究者や研究に関心を持つ実務家が共通の基盤として経営学理論の学修を重ね，それを踏まえた上での議論，そしてスポーツ現象の分析を行い，理論構築を試みていく必要がある。言うまでもなくスポーツにはルールがあり，野球であれば，バッティングと捕球，送球の技術は野球を楽しむため最低限必要なスキルとなるようにスポーツを行うために必要とすべき技能が存在する。スポーツマネジメント研究においてはその第一的なスキルが経営学理論であるということである。経営学理論を踏まえた上で，体育学研究者や経営学研究者，実務出身の研究者が自らのバックボーンを超えて議論し，新たなナレッジを構築することにより，スポーツマネジメント研究は，体育学的アプローチ，経営学的アプローチ，ひいては実務的なアプローチを包摂した文字通りのスポーツのマネジメント，スポーツマネジメントとなることを可能とすると言える。以上の本節における議論を図示したものが図表 1-1 である。

第 7 節　小括

以上，本章ではわが国スポーツマネジメント研究の現状を踏まえ，その問題点と課題，その研究の展開可能性を提示した。具体的には，体育学アプローチ，コンサルティング的アプローチのみでは，スポーツ

図表 1-1 第 1 章の議論のまとめ

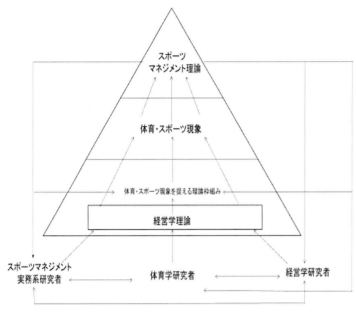

大野（2020a），20 頁を参考に作成。

マネジメントが学問として発展していくことは困難であり，一般経営学にも目を向けていく必要性を指摘しながら，これら一般経営学理論を踏まえながらスポーツマネジメント理論を構築していく必要性を指摘した。しかしながら，1994 年，1998 年に公刊されているスラックの指摘が今日性を有している現状を踏まえるならば，本章における提案を実現していくことはきわめて困難な作業であろう。そうであるにも関わらず，「スポーツマネジメントは実践の学問である」，「スポーツマネジメントは現場ありき」という甘言の中に浸っている限りは，個々人の経験の寄せ集めにしか過ぎないものとなり，経営学，学問として昇華していくことは難しいものとなる。真の意味でスポーツ経営実践における還元性の高い理論を構築してくためにも，その分析枠組，視角の構築の前提となる経営学に目を向け，学修を重ねていくことこそが求められるのである。それこそがスポーツマネジメント研究がマーケティング・リサーチに基づく単なるハード・データの羅列，スポ

ーツ現場の実務家の経験の寄せ集めに陥らず，実践性と学術性の高い
マネジメント研究として成長していくための課題であると言えよう。

注

1 本章は，第1〜2節，第4〜7節は，大野（2020a），第3節は，大野
（2020b）に加筆訂正を施したものである。

2 一方で，清水（2002）などは，スポーツ経営はあらゆるスポーツ産
業を対象としたマネジメント現象ではなく，人とスポーツとの結びつ
き（スポーツ行動）に力点を置いたスポーツ事業を研究の核とするも
のであるとし，スポーツ経営とスポーツマネジメントは異なるもので
あると論じている（清水，2002）。八代もまた，主として北米で用い
られるスポーツマネジメントという用語は，スポーツに関するマネジ
メント現象の総称というような程度の定義しかなく，スポーツのため
のマネジメント，スポーツのマネジメント，スポーツにおけるマネジ
メントなどを総称した用語であり，スポーツ経営とは異なるものであ
るという認識を持っている（八代，1993）。

3 山下は，別の論文において，スポーツマネジメントは，「スポーツを
めぐっての人間と人間の関係をつくり出す機能を総称したもの」（山
下，2005；87）と称している。この機能として山下（2005）は，ビジ
ネス，マーケティング，オペレーションがあると論じている。この山
下の定義もまた，スポーツマネジメントの主体として教育組織だけで
なく，民間スポーツ組織等の多様なスポーツ組織を想定しているもの
と指摘することが可能であろう。

4 第1章巻末資料2の通り，『スポーツ産業学研究』において大学スポ
ーツを研究フィールドに選定している論文の多くはスポーツ心理学
など，スポーツマネジメントを研究の対象としたものではない論文が
多く，その意味では，スポーツ組織のマネジメントを研究テーマとし
た論文においては，プロスポーツを研究フィールドに選定している論
文が一番多いと指摘することができる。

5 高橋他（2012），水野他（2016）などのように一般経営学の研究者が
一冊限り，スポーツマネジメントに分類される研究書を公刊するケー
スも存在する。

6 大野（2018）は，その直証として，わが国のスポーツマネジメント
系学会の一つである日本スポーツマネジメント学会第9回大会（2016
年12月，近畿大学にて開催）において，口頭発表の学術研究11題中
9題が定量調査を用いた研究であり，うち6題がスポーツ参加者，ス
ポーツ観戦者などのスポーツ消費者への定量調査を基にした研究報
告であり，3題は選手，コーチを対象とした定量調査であったことを
挙げている（日本スポーツマネジメント学会第9回大会実行委員会，
2016；大野，2018）。

7 高橋（2018）なども指摘しているように，現行のわが国のスポーツ

マネジメント研究を踏まえると，一般経営学研究者，会計学研究者が
スポーツマネジメント研究に参入するにあたり十分な誘因を提供で
きていないのが現状であり，一般経営学研究者や一般会計学研究者が，
スポーツマネジメント研究に参入する誘因を構築していくことはス
ポーツマネジメント研究の喫緊の課題のひとつであると言えよう。ス
ポーツマネジメント研究者のキャリアパターンの偏りについては，一
般経営学研究者の辻村（2008b）によっても指摘がなされている。

第1章巻末資料1　『スポーツマネジメント研究』掲載原著論文一覧（2010～2019年）

掲載年	著者名（第一著者）	論題（副題除く）	研究フィールド	調査手法	学問領域
2010	齋藤 れい	スポーツ観戦における経験価値尺度開発およびJリーグ観戦者の分類	プロスポーツ	定量調査	消費者行動論
2010	備前 嘉文	スポーツ選手が消費者の購買行動に及ぼす影響	スポーツ用品	定量調査	消費者行動論
2010	山口 志郎	スポーツイベントのスポンサーシップにおけるスポンサーフィットに関する研究	スポーツイベント	定量調査	消費者行動論
2010	押見 大地	スポーツ観戦における感動場面尺度	プロスポーツ	定量調査	消費者行動論
2011	武藤 泰明	大相撲のファイナンス	プロスポーツ	財務分析	財務会計論
2012	鄭 貞姫	プロ野球観戦者のスポンサー連想がスポンサー・アイデンティフィケーション及びブランド反応に及ぼす影響	プロスポーツ	定量調査	消費者行動論
2013	吉田 政幸	スポーツイベントにおける再観戦行動	プロスポーツ	定量調査	消費者行動論
2013	押見 大地	スポーツ観戦における感動	プロスポーツ	定量調査	消費者行動論
2014	福原 崇之	Jリーグクラブにおける順位と収入の関係	プロスポーツ	計量分析	計量経済学
2014	仲澤 眞	Jリーグ観戦者の動機因子	プロスポーツ	定量調査	消費者行動論
2015	仲澤 眞	ファンコミュニティの絆	プロスポーツ	定量調査	消費者行動論
2016	井上 尊寛	フィギュアスケート観戦のプロダクト構造	トップスポーツ	定量調査	消費者行動論
2016	舟橋 弘晃	国民体育大会総合成績の決定要因	スポーツイベント	計量分析	計量経済学
2017	吉田 政幸	スポーツファンの語り	プロスポーツ	定量調査	消費者行動論
2017	押見 大地	国際的スポーツイベントの開催が観戦者の行動意図に及ぼす影響	スポーツイベント	定量調査	消費者行動論
2017	出口 順子	Jリーグ観戦者のクラブ支援意図	プロスポーツ	定量調査	消費者行動論
2018	出口 順子	チーム・アイデンティフィケーション	プロスポーツ	定量調査	消費者行動論
2018	井上 尊寛	スタジアムにおけるスポーツ観戦関与	プロスポーツ	定量調査	消費者行動論
2018	足立 名津美	プロスポーツクラブのプロダクト特性の検討	プロスポーツ	定量調査	マーケティング論
2019	備前 嘉文	ブランド拡張におけるアスリートによるエンドースメントの有用性について	スポーツ用品	定量調査	消費者行動論
2019	中村 英仁	企業スポーツの脱制度化	企業スポーツ	定量調査	経営組織論

「Jstage」の「スポーツマネジメント研究」の頁を参考に筆者作成。

第1章 巻末資料2 『スポーツ産業学研究』掲載原著論文一覧（2017～2019年）

掲載年	著者名（第一著者）	論題（副題除く）	研究フィールド	調査手法	学問領域
2017	菊賀 泰輔	フィットネスクラブ利用経験と余暇活動に求めるベネフィットに対する意識の関連	フィットネスクラブ	定量調査	消費者行動論
2017	武藤 泰明	放送権料配分ルールの変更はプロサッカーリーグの価値にどのような影響を与えるか	プロスポーツ	未分類	未分類
2017	野田 光太郎	男子新体操指導者海外派遣事業の分析	指導者海外派遣	定性調査	未分類
2017	浦田 龍治	日本のプロスポーツリーグ観戦頻度に関する研究	プロスポーツ	定量調査	消費者行動論
2017	河野 洋	スポーツの国際大会とウェブジャーナリズム	スポーツイベント	未分類	未分類
2017	依田 充代	ドーピング意識に関する日本とイタリアの体育学専攻大学生の比較	大学スポーツ	定量調査	未分類
2017	伊藤 義英	エリートスイマーのメンタルビジネス尺度開発	トップスポーツ	定量調査	未分類
2017	菅 文彦	スポーツ観戦意図及び行動と地域愛着の関係分析	プロスポーツ	定量調査	消費者行動論
2017	加藤 朋之	校庭芝生化を巡る議論の行方	学校スポーツ	定性調査	未分類
2017	青柳 健隆	学童期の組織的スポーツ参加と成人期のスポーツへの関連	学校スポーツ	定量調査	未分類
2017	能知 大介	J1リーグと欧米/南米のトップリーグにおける年代別出場機会の比較	プロスポーツ	資料分析	研究方法論
2017	竹内 義則	体育館天井に設置されたカメラのカメラによる名球様のリターン角度の分析	トップスポーツ	動作分析	消費者行動論
2018	菅 文彦	チームアイデンティフィケーションと地域愛着の内実に関する一考察	プロスポーツ	定量調査	運動行動論
2018	高橋 正則	予測反応事態の眼球運動によるスポーツパフォーマンスを予測する感性情	プロスポーツ	動作分析	スポーツ心理学
2018	水落 文夫	大学生スポーツ選手のスポーツ・パフォーマンス・バランスに関する要因	大学スポーツ	定量調査	スポーツ心理学
2018	荒井 弘和	大学生アスリートのスポーツ・ライフスキル尺度の開発	大学スポーツ	定量調査	スポーツ心理学
2018	中置賀 巧	大学運動部員の動機づけ雰囲気、個人・社会志向性、部活動適応感の関係	大学スポーツ	定量調査	未分類
2018	久保 賢志	高校運動部員のコミットメントに関する実証的研究	学校スポーツ	資料研究	人的資源管理論
2018	山中 祐博	人事労務管理から見た新しい企業スポーツのモデル	企業スポーツ	定量調査	未分類
2018	遠藤 華英	発展途上国における障害者スポーツ振興への示唆	障害者スポーツ	定量調査	未分類
2018	辰巳 康樹	日本スポーツ協会公認アスレティックトレーナー理論試験の受験要因	大学スポーツ	定量調査	スポーツ心理学
2018	ウルゲー 京	モンゴルにおけるスポーツ活動による気分・感情の変動	大学スポーツ	定量調査	消費者行動論
2018	渋谷 崇行	青年期男女の違いによる日本のオリンピック選手の競技引退	トップスポーツ	定量調査	経営組織論
2018	菅 文彦	チームアイデンティフィケーションと地域愛着の程度が変わるに関する考察	学校スポーツ	定量調査	未分類
2019	趙 婧妍	中国における地域スポーツクラブの組織文化に関する研究	地域スポーツクラブ	定量調査	運動方法論
2019	富澤 隆一郎	ランニング環境の増加が参加者の行動傾向に及ぼす影響	アマチュアスポーツ	動作分析	運動方法論
2019	古門 良亮	サッカー競技者の複数年対策追跡調査：スキルレベルによる限界探索能力の設計	大学スポーツ	定量調査	人的資源管理論
2019	古門 良亮	GNSSを利用したスキー・ツアーデータ分析：ブレーキングターンの設計	プロスポーツ	動作分析	運動方法論
2019	野地 泰幸	Jプラウドニュース（U-18）選手の人材開発を目的としたチームビルディング	大学スポーツ	定量調査	非営利組織論
2019	林 倖史	大学野球におけるストレスマネジメントの実践例の検討	スポーツツーリズム	定量調査	消費者行動論
2019	野沢 絵梨	大学テニス選手のテニス活動を通じて獲得したライフスキル	大学スポーツ	定量調査	スポーツ心理学

「Jstage」の「スポーツ産業学研究」の頁を参考に筆者作成。

第1章巻末資料3　『体育・スポーツ経営学研究』掲載原著論文一覧（2006～2019年）

掲載年	著者名（第一著者）	論題（副題除く）	研究フィールド	調査手法	学問領域
2006	中路 恭平	フィットネスクラブにおける会員の顧客満足と会員継続に関する縦断的な事例分析	フィットネスクラブ	定量調査	消費者行動論
2006	柳沢 和雄	鹿島開発をめぐる生活課題とスポーツの組織化に関する研究	地域スポーツ	資料分析	未分類
2006	高岡 敦史	学校体育経営における対話場リーダーの発話と知の共有に関する事例研究	学校スポーツ	定性調査	経営組織論
2008	天野 和彦	地方公共団体におけるスポーツ行政組織の移管に関する研究	行政組織	定性調査	政策論
2009	長積 仁	行為者間の信頼に基づく地域スポーツ振興事業の組織化と創発	地域スポーツ	定性調査	経営組織論
2009	関根 正敏	総合型地域スポーツクラブの設立をめぐる正当性の確保と地域生活の歴史に関する研究	総合型地域スポーツクラブ	定性調査	未分類
2010	中西 純司	民間スポーツ・フィットネスクラブ経営における顧客苦情マネジメント分析	フィットネスクラブ	定量調査	消費者行動論
2010	朝倉 雅史	体育教師の信念に関するエスノグラフィー研究	学校スポーツ	定性調査	未分類
2012	高岡 敦史	体育授業をめぐる教師間「ニューカマー」の方略に関する研究	学校スポーツ	定性調査	経営組織論
2012	松畑 崇史	学校体育施設の有効的活用を実現するための共有地のジレンマ状態の解決	学校スポーツ	定量調査	政策論
2012	佐野 昌行	体育学の一領域としての体育管理学の成立過程	学校スポーツ	資料分析	歴史学
2014	笠野 英弘	日本サッカー協会によって形成されてきた制度に関する一考察：機関誌分析から	プロスポーツ	資料分析	未分類
2015	和田 由佳子	女子ラグビーチームの採用意図を規定する要因の検討	アマチュアスポーツ	定量調査	経営組織論
2016	常浦 光希	運動生活の成立条件に関する再検討	地域スポーツ	定性調査	未分類
2018	関根 正敏	「豊かなクラブライフ」によるアウトカムとは何か	総合型地域スポーツクラブ	定量調査	未分類
2019	柴田 紘希	地域スポーツクラブにおけるミッションとクラブの成長性との関係に関する研究	総合型地域スポーツクラブ	定量調査	経営理念研究
2019	醍醐 笑部	バレエ鑑賞プログラムの効果と観客の鑑賞能力に関する研究	大学スポーツ	定量調査	消費者行動論
2019	林田 敏裕	運動部活動をめぐるイノベーションの採用過程：X高等学校における総合運動部を事例として	学校スポーツ	定性調査	イノベーション論

「Jstage」の「体育・スポーツ経営研究」の頁を参考に筆者作成。

第2章　スポーツマネジメントにおける理論と実践の関係性の検討

第1節　問題意識と本章の課題

　スポーツマネジメント研究，スポーツマネジメント論とは，実際のスポーツ経営体の経営現象を研究の対象とする学問であり，その研究成果は，スポーツマネジメントの研究者のコミュニティと，実際のスポーツ経営体において働く実務家とその実践へと還元されるべきことは議論の余地はない。スポーツマネジメントが依拠する学問領域である一般経営学の前提に立ちかえるならば，経営理論（学術研究）は経営実践の発展のためにあるべきであり，経営実践を発展させるためにもそのよりどころとなる経営理論の質を高めていく必要があると言える。次節において検討するように国内外のスポーツマネジメントにおける研究コミュニティにおいても，理論と実践との関係はいかにあるべきかということに関する議論は行われてきた（Weese, 1995；Soucie & Deherty, 1996；Cuneen & Parks, 1997；清水，2001，2007，吉田，2012；福田・吉留，2015など）。しかしながら，これらの研究においては，研究者および学会がいかに実務とそこに従事する実務家に貢献していくべきかという視点がメインであり，実務家がスポーツマネジメント研究（理論）との関わりの中でどのような能力を身に付けていくべきなのかということと，その内容と方法に関する議論，そしてそこにおける研究者のコミットのあり方に関する議論は十分行われてはこなかった。近年のわが国の大学においては，スポーツを冠する学部，学科やコースが増えており，早稲田大学，筑波大学，海外の大学などの大学院でスポーツマネジメントを修めた博士後期課程の修了者のみでは専任教員の供給が間に合わず，博士後期課程の在学経験のないスポーツマネジメントの実務経験者（あるいはスポーツ社会学，一般経営学などの異領域の研究者）を専任教員として採用する大学も増えている[1]。スポーツマネジメントにおける実務経験を評価されて入職した専任教員により，理論的な見地からの教育なくインターンシップ，現場実習などの実地体験を中心とした職業教育が重点的に施されるというように，スポ

45

一ツマネジメントにおける研究と実践の境界が不明瞭になっている現状もある。そのような意味でもスポーツマネジメントにおける理論と実践の関係について明確にする必要があろう。

　こうした問題意識を受け，本章では，スポーツマネジメントにおける研究，すなわち理論と実務すなわち実践との関係のあり方を提示することをその研究課題としたい。具体的には，一般経営学において理論と実践との関係性に関する視角を提示した一橋大学名誉教授の山城章（1908～1993年）の実践経営学に依拠しながらこの課題に取り組みたい。

　後述するが，山城はその研究活動の中で，経営学とは，自然科学のように分析の対象を客観化せずにそれ自身を主体と捉える「主体の論理」を有し，実際や内容を主体とし，実践に生かすための研究方法を問題とする実践科学でありそこでは人間の機能主義的な目的活動こそが研究の対象とされるべきであるとし，「実践経営学」を提唱し，実践経営学において重要なことは実践主体の行為能力の啓発（＝教育）であるとしている（山城，1970）。

　また山城は経営を実践する経営者や管理者の自己啓発を目的として，1979年7月に日本経営教育学会（現日本マネジメント学会）を設立している。本章では山城の実践経営学の概念を踏まえながら，山城の指摘するところの「特殊経営学」に含まれるであろうスポーツマネジメントにおいては，理論と実践はいかに関わり合うべきか，そして理論は実践の向上にいかに資するべきか，そして実践をいかに高めていくべきかに関する方策を提示したい。

第2節　先行研究の検討と限界

　本章において，スポーツマネジメント領域において理論と実践との関わりについて考察した先行研究について概観することにより，先行研究における到達点ならびに未達点を確認したい。

　まずは，ウィース（1995）である。彼は，理論偏重気味であった当時の北米スポーツマネジメント学会（NASSM）に対して，アカデミシャンはより広い聴衆に対して自らの研究のインプリケーションを効果的に伝えるべきであるとし，理論を実務家へと伝えていく必要性を論じ，NASSMに対し，スポーツマネジメントの実務家からも役員を選出すること，現行

のジャーナルと並立し，実務家向けのジャーナルを刊行すること，学会大会において実務家を対象としたプレゼンテーションの場を設けること，実務家へのインプリケーションを強く強調することなどの提言を行っている。しかしながら，ウィースの議論は，キュレーン＝パークス（1997）も指摘しているように，実務家に寄り添いすぎることにより，学術研究としての発展，向上それ自体が妨げられる危険性があること，研究者とそのコミュニティである学会は具体的には実務家に対し，どのような貢献をするべきなのか，そして実務家は研究者とのかかわりの中でどのような能力を身に着けていくべきなのかということに関する議論がなされてはいない。

　次にスーシー＝ドハーティー（1996）であるが，彼らは，真のプロフェッションは実践領域に関する知識体系の拡張に責任を負う存在であるとして，その知識体系はその領域特有のものであり，システマティックに組織化されたものでなければならないとしている。具体的には彼らは，研究者の研究課題とは，実務家の実践の中で生まれるものであり，その研究課題を踏まえ，概念化と変数化がなされ，仮説が構築され，その仮説に対するデータ収集と分析が行われ，知識が構築され，それが研究者の次なる研究課題の発見と実務家の課題解決に繋がるとしている。彼らの指摘においては，研究者の理論は学術研究の発展だけではなく，実務家が実践において抱える課題の解決に繋がるものでなければならず，学術研究とは学術研究それ自体への貢献だけではなく，実務家の実践に貢献するものでなければならないことがわかる。しかしながら，彼らの研究においては実務家は研究者による知識提供を受ける従属的な存在にとどまっており，自ら課題を解決する能力を有していない存在に留まっている。可変的な環境下にあるスポーツマネジメントの実践において実務家は，研究者による課題解決のための知識提供を待たずとも自ら課題を解決できるための能力を有する必要があり，そのための議論が必要である。

　次に，キュネーン＝パークス（1997）であるが，彼らは学会及び学術研究においては，実務家の参加を歓迎しながらも，アカデミックなニーズや関心を充足させる必要があり，学術的な進化や成熟性を高めるべきであり，NASSNM もそうあるべきであり，それこそが実務家への貢献となるとしている。彼らは研究者および学会は研究の質を洗練させることこそ

が, 研究および実務への貢献となるとしている。そして実務家は学術用語や知識などを学び取ることにより, そこから日常の実践の改善へのヒントを得ることができるとしている。彼らの視角は, 実践科学としてのスポーツマネジメントの原理を構築することを可能とするものと言える。しかしながら, その原理をどのように応用していけば良いのかに関する議論はなされておらず, その意味では自らの成果を研究者コミュニティの中に留めおく「研究のための研究」に陥る可能性を秘めている。ウィースやスーシー＝ドハーティーのような理論と実践をどのように関連付けていくのかという議論こそが望まれると言えよう。

　その他の先行研究としては, スーシー＝ドハーティー (1996) が提示した理論と実践との関連についての仮説をアルビレックス新潟の後援会の事例研究により実証した福田・吉留 (2015), スポーツ経営学は実践理論であるとして, 実践の中からその内部者である「現場の声」をベースに適用範囲の狭い理論を形成する帰納的な研究方法こそがふさわしく, 行為者の意味・意図・信念が綴られたストーリーに迫る必要性を提示している清水 (2001), 研究者は, 実務家の問題解決過程や方法の支援に徹するべきであり, その研究においては, 行為者たちの実践に共感し, そこから内部者の論理を汲み取り記述する方式を取るべきであるとしている清水 (2007), スポーツの文化的価値の理解を深めながら, スポーツビジネスマネジメントに関する知識を導出すると同時に, スポーツマネジメントの実務家の経験知の理論化を実現し, 両者の知識をまとめあげていく必要性を論じた吉田 (2012) などがある。

　以上, 本節では, スポーツマネジメントにおける理論と実践のあり方を探るべく, スポーツマネジメントにおける理論と実践の関係性について言及した先行研究を検討した。そこでは, 前節で述べたように, 当たり前の話しではあるが, 研究者および学会が, いかに実務とそこの従事する実務家に貢献していくべきかという視点がメインであり, 実務家がスポーツマネジメント研究 (理論) との関わりの中でどのような能力を身に付けていくべきなのかということと, その内容と方法に関する議論, そしてそこにおける研究者のコミットのあり方に関する議論は十分行われてはこなかった。すなわち, スポーツマネジメントにおける理論と実務との関係について論じた先行研究においては, 研究者が主体であり, 実務家とは研

究者に実践における問題解決策を「与えてもらう」存在であり，受け身的・従属的な存在であるとみなされており，彼らがスポーツマネジメントにおける問題解決の主体であるという視点からの論考は試みられなかったと言うことができる。しかしながら，スポーツマネジメントという学問において真に重要なのはスポーツマネジメントの実務家における経営実践能力の向上であり，それこそが，スーシー＝ドハーティー（1996）の指摘する理論と実践のサイクルにおける「問題意識」の進化と深化を実現するものであると言えよう。そこで，筆者は，スポーツマネジメントの主体は実務家であるという視角から，彼らが研究とのかかわりの中でどのような能力を身に着けていくべきかということに主眼を置きながら，スポーツマネジメントにおける理論と実践との関わりについて論じていくことにしたい。

第3節　山城章の実践経営学

　前節では，スポーツマネジメントにおける実務家を主体とし，彼らが研究の中でどのような能力を身に着けていくべきなのかという視角がスポーツマネジメントにおける発展的な理論と実践との関係において重要なことを確認した。第1節で述べたように，本章では，山城章の実践経営学を手掛かりとしてその課題にアプローチしていきたいと考えている。本節では，具体的な論考に先立って山城の実践経営学について簡潔にではあるが検討したいと考えている。

　まず，山城は，経営学を純理の応用である応用科学ではなく，実際を実践に生かしていく実践科学であり，実践的な活動をいとなむ人間の機能主義的な目的活動が研究課題となるとしている（山城，1970）。すなわち山城は，経営学とは実践的能力向上を目的とした実践科学であるということである（小野，2013）。

　そして山城はそこでは実際や内容が主体であり，実践に生かすための研究方法が問題となるとしている。そしてこの研究方法は，内容と一体的であるという方法を取るものであり，純粋理論的方法や規範論的方法と区別されるべきものである。こうした学問としての経営学の特質を踏まえ山城は経営学を「実践経営学」と称している（山城，1970）。

　そして山城は，実践科学である経営学を具体的に展開していくために

は方法論だけでは不可能であり，行動の実践的内容に即して理解される
必要があるとしている。まず経営という実践主体があり，主体行動には理
念と目的が必ず存在し，この目的達成行動における手段選択には技術体
系があり，それにともなう価値判断も必要となる。そして判断や決断にお
いてはそのプロセスが科学化される必要があるが，山城は，最後の決断は，
科学を超える主体者の決断の能力開発が重要であり，研究とはこのよう
な能力開発を意味するものであるとしている。そして山城は，経営主体の
活動が進展するためには，たえざる努力が必要であり，主体自らが研究し，
科学し，学問する必要があるとしている。研究は，研究のための研究では
なく，主体者の行動の洗練，向上のために行われるべきものであり，行動
の洗練，向上とはすなわち機能実践における能力開発のことである。そし
て山城は，この能力開発のことを経営教育と称しているが，この場合の教
育とは従来の教育観とは異なるものであり，主体者能力の啓発をあらわ
すものであるとしている。このように山城は経営学の最も重要な特色を
「主体の論理」であるとし，実践主体がまずあり，その主体行動としてア
プローチがあるとしている。実践主体をたえず中心において，その行動目
的，理念，行動，判断などを正しく理解する必要があるのである（山城，
1970）。

　このように山城は経営学とは，対象を客観化しようとする自然科学と
は異なり，対象を主体として捉え，「主・客一体」となり[2]，その「主体」
である経営体の価値判断や目的，行動を解明し，最終的には，主体である
実務家の実践能力の開発こそが経営学の目的であると考えていた（山城，
1968，1970）。山城は経営学における最終目的でもある実務家の経営能力
の開発を「KAE の原理」から説明を試みている。以下，山城の「KAE の
原理」の紹介をしたい。

　先述したように，山城は経営学の最終的な目的とは，経営を実践する経
営者，管理者の経営能力の開発であるとしている。これを山城は K，A，
E の 3 つから説明を試みている。K とは knowledge のことであり，経営に
関する知識，一般原理のことである。A とは ability のことであり，経営を
実践する実務家の能力のことである。最後の E とは experience のことで
あり，経験，経営を取り巻く実際のことである（山城，1970）[3]。

　K とは原理を示す概念ではあるが，これは山城によれば科学における

法則的な普遍性と同義に理解してはならず，囲碁や将棋における定石，スポーツにおける基本，指導における正攻法と理解されるべきものであるとしている。K はアカデミックな文献研究や知識中心の勉強を示すものであり，長い研究のうちに定式化し，正攻法化し，国籍関係なく一般化して原理と呼ばれるものになったものである。そしてこの K は実践能力である A の基盤をなすのである。また山城は，経営学は学であるだけでなく，その主体が経営活動に従事する実務家であることを踏まえ，経営学にはそれを基盤とした「教育」が必要であり，そうであるならば実践能力を啓発することができるところまで研究を高めることこそが実践行動の学問であり，実践の能力化を目指す研究の態度であるとしている（山城，1970）。

　A は K を基盤として構築されるものの，それだけでは十分ではない。K とは山城によれば「知っていること」である。「知っていること」は「できること」とは一致はしない。知っていたとしてもそれはできることとはイコールにはならない，すなわちできる・できないという行為能力は知識とは別なのである（山城，1968）。

　山城は，基礎なしに有能な行動はできないゆえに K の存在は必須であるとしているものの，K のみでは実践能力は構築されず，実践能力である A は，原理である K と実際の経験である E を基盤として構築されるものであるとしている（山城，1970）。さらに山城は，原理である K は不変ではないと指摘している（山城，1968）。E に対応しながら漸次前進し，精度を高めつつ変化していくためである。このように K と E を前提とし，両者の関係から実践能力である A が発揮されるのである（山城，1968）。

　経営活動や現象の実際をあらわす E は，その国の伝統と歴史，それぞれの業界や組織の中で培われるものであり，決して同一に語ることができず，多様性を帯びている。それゆえ実践である A においてもそれぞれの特色が現れるのである（山城，1968）。

　以上の議論を踏まると，経営における実践能力は原理のみでも，経験のみでも高めることはできず，原理と経験の両方が必要であり，両者との相互作用の中で高められていくものであると山城は考えているということができよう。

　山城が重視する「教育」であるが，これは行為主体である実務家の自己

図表 2-1 KAE の原理

K＝knowledge　＝知識＝原理

Ⓐ＝ability　　＝能力＝実践

E＝experience　＝経験＝実際

出典：山城（1970），67頁

　啓発と研究者による実務家への教育の二種類の教育の必要性を感じていたことを読み取ることができる。ふたつめの研究者による研究であるが，これを山城はふかき研究と実地経験を基礎にした教育のみが真の教育であり[4]，これは学者のようなアカデミックな研究を踏まえたものであるとしている。このように教育は研究と区別したがいものであり，山城は，教育者は学者の態度をもって教育にあたり，学者は教育意義を発揮してこそ真の学者となるとしている（山城，1968）。

　山城は経営実践における原理は一般でも，実際は多様であるゆえ，実践は国や組織により多様であるとしていることは先述のとおりである。その意味で，原理を基盤としながらも，それぞれの国ごとの特殊性を踏まえ，それに求められる実践能力の究明を図ろうとするアメリカ経営学，イギリス経営学，ソ連経営学，日本経営学，組織ごとの特殊性とそこで求められる実践能力の究明を図ろうとする企業経営学，官庁経営学，学校経営学，病院経営学，労組経営学の必要性を指摘している。この他山城は軍隊や宗教団体の経営学にもそれに応じた経営学の必要性を論じている（山城，1968，1970：図表 2-2 参照）。

　山城の議論になぞらえて考えていくならば，スポーツ経営体の経営活動の実際は，企業とも官庁とも異なるものであるゆえ，経営原理を踏まえながらも，その特殊性をおさえたスポーツ経営体ならではの経営学である「スポーツ経営学（スポーツマネジメント）」が求められると言うこと

図表 2-2 山城による「特殊経営学」の捉え方

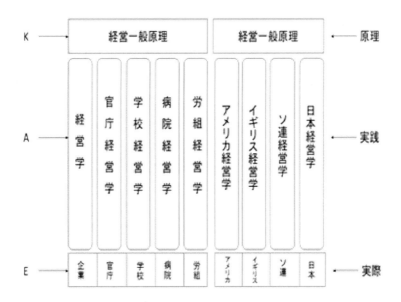

出典：山城（1968），31 頁

ができよう。

　また山城（1976, 1982）は，こうした特殊経営学を考えるにあたっての思考枠組みとして「ABCD の原理」を提示している[5]。A は，「適応・適用」（accept, adapt）をあらわし，その対象においてマネジメントの行動原理をそのまま導入し，適応しうるものである。B は，「ブラックボックス」（black box）をあらわし，その対象においてマネジメントの行動原理を適用し，適応させることができるのか，あるいはそれ自身が固有のものであり，マネジメントの行動原理を適用し，適応させるのが困難なのか不明確な状態のものである。C はそれ自身の「特性」（constant, continuity）であり，その対象においてそれ自身がそのまま残るものをあらわす。最後の D は「開発」（development）をあらわし，その対象固有のものを開発することをあらわす（山城, 1982）。

　上記の山城（1976, 1982）の ABCD の原理を踏まえるならば，スポーツマネジメントにおいても，スポーツ経営体ならではの経営方法である

スポーツマネジメントの姿を明らかにし，スポーツマネジメントにおける実務家の実践能力の向上を議論するためには，マネジメントの概念がそのまま適用可能な部分，固有のものであるがマネジメント化しうる部分，マネジメント化しえないスポーツ経営体の特有性をまずは明らかにしなければならないということになる。

　以上，本節では，スポーツマネジメントにおける理論と実践との関係を考えるヒントとして山城章の実践経営学について検討した。山城による実践経営学は，実務家の実践能力（A）の向上を最終的な目的とし，それは，理論（K）の習得とそれを通じた現象（E）の分析を土台として構築されていくものであること，特殊経営学のあり方（D）を考えるにあたっては，マネジメント化しえないその組織の固有性（C），マネジメント化しうる固有性（B），マネジメント化しうる部分（A）を明らかにしていくことが求められることが分かった。こうした山城の議論は，「特殊経営学」であるスポーツマネジメントにおける理論と実践との関係を考える本書においても親和性が高いと言える。次節において，山城の実践経営学を土台としてスポーツマネジメントにおける理論と実践の関係のあり方を提示したい。

第4節　山城章の実践経営学を踏まえたスポーツマネジメントの理論と実践の関係のあり方の提示

　本節では，今までの議論を踏まえ，スポーツマネジメントにおける理論と実務の関係のあり方を提示していきたい。山城の議論を踏まえるならば，特殊経営学であるスポーツマネジメントもまたその目的は，スポーツマネジメントの現場において「経営」に従事する実務家の経営能力の養成，すなわち「スポーツマネジメントにおける実践能力」の養成であり，実践主体である実務家の行為能力の啓発（＝教育）であるということになる。スポーツマネジメントにおける実践能力の基盤となるのは組織体の経営を捉えるための理論，すなわち経営学理論である。この経営学理論を基盤としてスポーツならではの経営理論であるスポーツマネジメント理論が構築される。このスポーツマネジメント理論は，スポーツマネジメントにおける現象や自らの経験を捉えるための思考枠組み，すなわち道具となる。そしてスポーツマネジメント理論を通して分析されるのがスポーツ

マネジメントを取り巻く現象であり，実務家のスポーツマネジメントにおける経験である。理論を通じ，自らのスポーツマネジメントにおける経験や自らを取り巻くスポーツマネジメント現象を分析していく中で，スポーツマネジメントの実践主体である実務家はスポーツマネジメントにおける実践能力を向上させ，自らの頭の中にスポーツマネジメントならではの経営方法，すなわちスポーツ経営学を構築されていくのである。スポーツマネジメント研究者は，その研究活動を通して，経営者の頭の中で生み出され，実践に移された経営実践を明らかにし，新たな K にしていくことが求められる。そうした研究者の活動により，スポーツマネジメントの実践者である経営者や現場の従業者はより豊かな K により実態を分析することが可能となり，より高度な経営実践及び経営理論を生み出す可能性を高めるのである（図表 2-3 参照）。辻村は，経営者は経営理論・手法を適用する者というよりも，「経営理論・手法を編み出す者」という見解が含まれており，経営者独自の経営理論はきめ細やかな観察と真善美を考え抜く哲学的思考によって模索され，築かれるとしている（辻村，2008a）。辻村の指摘するところの経営者の経営理論は真空では構築されず，経営学において確立された経営理論，山城の言うところの K に相当するものであると指摘することができよう。

　トップジャーナルに掲載された論文は，厳密な科学的な手続きを行い，同領域の研究者による厳密な査読を経て掲載されているため，そこで提示されている経営理論は一定の科学性を備えているだけでなく，多くの企業に当てはまる一定の一般性を有していると言える。経営者にとって重要なことは，それを鵜呑みにしてそのまま応用するのではなく，自らのコンテクストに当てはめながら応用していくことである。その意味では，一般→個別（自己）の演繹的な思考プロセスが求められるということである。その試みは成功するかもしれないし，失敗するかもしれない。成功した場合は，自らのコンテクストに修正された経営理論は，経営者の経営理論へと吸収され，血や肉となり，経営者の経営理論を豊かなものとしていくのである。失敗した場合は，その失敗の原因を究明し，再度修正を試み，挑戦をすることにより，自らの経営理論を書き換えていくことが可能となるのである。こうした一連の経営学理論を自らのコンテクストに修正した上での取り込み，経営者は自らの経営理論を豊かなものにして，より

良い経営実践を行うことが可能になるのである（大野，2020c）。

　豊かな経営理論こそが、「経営諸条件のうちに現に生じている多様な現象のなかから，彼の企業の存立に係わると思われる問題を知覚したうえで，将来とるべき経営行為の形を構想して，意思を定める」（大河内，1989：45頁）ことを可能とするのである。

　さらに言えば，スポーツマネジメントの姿を明らかにし，スポーツマネジメント領域における実務家の実践能力の啓発を実現していくためには，ABCDの原理を踏まえ，どの部分をそのままマネジメント理論を応用し，どの部分を変革し，どの部分を守るのかも明らかにしていかなければならない。Aに相当する部分は，マーケティング，消費者行動などの製品・サービス販売のための技法，戦略や管理，組織などのマネジメント方策であろう。これは先述のように海外のみならずわが国のスポーツマネジメント研究，スポーツマーケティング研究において精力的に応用されている。これは，KAEの原理で言うところのKに相当しよう。

　B，すなわち現時点でそのままマネジメントの理論が応用しうるかそうでないか不明確なスポーツ経営体固有の特性は何であろうか。これはそれぞれのスポーツ経営体によって異なると言えよう。しかしながら，スポーツ経営体に通じる特徴はないであろうか。わが国においてスポーツ経営体の特徴を敢えて挙げるならば，それを支える構造や文化ではないかと言うことができる。具体的には，そのスポーツにずっと関わってきた選手や元選手により組織が形成され，彼らにより組織のマネジメントが行われていることが挙げられよう（大野・徳山，2015）。こうした特徴は，中央競技団体や学生スポーツなどのアマチュア・スポーツにおいて顕著であろう。その意味では，スポーツマネジメントにおける「スポーツ」の競技的な側面には熟達した者が多いと言えるが，「経営」について専門的な知識とキャリアを持ち合わせ，それに熟達している者は少ない。その意味では，こうした日本的なスポーツ経営体の特徴は改められていく必要があると言える。また日本的な文化や価値観に基づく封建的な先輩―後輩に基づく人間関係に裏打ちされた組織における意思決定の権限の集中化などは，中央競技団体によく見られた特徴であり，こうした中央競技団体の組織的な特徴は2012〜2013年に社会問題化した全柔連の女子強化選手による体罰告発事件，日本相撲協会による八百長事件により明るみに

された（高峰，2014；辻田・堀口，2014）。永島（1974），川辺（1980），久保（1980a, 1980b）などもまた，日本的なスポーツの特徴として儒教的な思想の下構築された先輩―後輩的な人間関係を基盤とする封建主義を挙げている。こうした日本的なスポーツ組織運営は，外部環境がスタティックな状態であれば，一定の有効性を有しよう。しかしながら，可変性の高い環境下においては，すべてを上層部で決めていくことは困難であり，柔軟に環境に適応していくためには組織もある程度多様性を内包したものでなければならない。その意味では，封建主義，集団主義に基づく上層部に意思決定権限が集中した組織運営は，マネジメント理論の適用により改められていく必要があると言えよう。

　Cとして挙げられるのは何があろうか。清水（1997）などは，スポーツマネジメントが対象とする顧客である「スポーツ生活者」にその特徴を求めており，松岡（2010）などは，それが顧客に提供する製品・サービスである「スポーツプロダクト」に求めている。スポーツマネジメントにおけるA，B，Cを明らかにした上で，スポーツマネジメントの構築を試みていくことが有効な議論であると言えよう。その中でも，清水や松岡に指摘されているようなスポーツ生活者，スポーツプロダクトの特性を深堀りしていくことはCの解明に繋がると言えよう。一例を挙げれば，大野（2010）などは，「プロスポーツ」というサービスの不確実性（チームの不振，主力選手の故障や不振など）としてファンの主体性に触れ，プロスポーツをサービスとして取り扱うプロスポーツクラブのマネジメントにおいては即興的な行動とそれを内包したマネジメントが求められると指摘している。

　スポーツ生活者（スポーツ実施者，観戦者などがこれに該当しよう），さらに言えば，スポーツ経営体を独自のものとしているのは，それが有する理念であろう。すなわち，スポーツ経営体は何を目的として運営されているのかということであり，それは利益を追求する一般企業とは異なるものとなるであろうし，スポーツ以外の活動を行う非営利組織とも異なるものとなるということである。理念は組織の存在意義や目標を示すものであり，スポーツ経営体の場合は，どのようにスポーツプロダクトを活用し，スポーツ生活者に貢献していくのかを示すことである。そしてこうしたスポーツ経営体の活動は最終的には，スポーツ文化に資するものと

なる。その意味では，スポーツ経営体の最終的な目的としてはスポーツ文化への貢献が据えられなければならない。

　これらA，B，Cを踏まえ，最終的にスポーツ経営体ならではの経営活動であるスポーツマネジメント，すなわちDを明らかにしていくことが求められるのである。その意味では，今後の研究においてABCDの原理を踏まえたスポーツマネジメント研究が求められる。近年は，早稲田大学大学院スポーツ科学研究科や筑波大学大学院人間総合科学研究科スポーツ健康システム・マネジメント専攻など有職の社会人を対象としたスポーツ系の大学院も存在しているが，そうした大学院においては，スポーツマネジメントにおける実務家の実践能力の養成と彼らへの啓発を目的とし，その前提となる理論の教授と，理論を用いて自らの経験や自らの実務を取り巻く現象や環境をどのように捉えていくのか，その方法論の教授と啓発こそが行われるべきであると言えよう。これは，大学院のみではなく，学部教育，そして公益財団法人日本サッカー協会が主催しているJFAサッカーカレッジなどのような民間団体主催のスポーツマネジメント教育も同様の目的の下に行われる必要があろう[6]。

　山城のKAEの原理から，経営学理論とスポーツマネジメントにおける実務との関係とそこから目指されるべきスポーツマネジメントの実践能力の養成，啓発という構図については明らかにできた。では，KAEの原理におけるKの部分を担うスポーツマネジメント領域の大学教員（研究者）と，研究者のコミュニティである学会はどのような状況なのであろうか。

　大野（2018）は，わが国のスポーツマネジメント系学会の一つである日本スポーツマネジメント学会第9回大会（2016年12月，近畿大学にて開催）において，口頭発表の学術研究11題中9題が定量調査を用いた研究であり，うち6題がスポーツ参加者，スポーツ観戦者などのスポーツ消費者への定量調査を基にした研究報告であり，3題は選手，コーチを対象とした定量調査であったことを挙げている（日本スポーツマネジメント学会第9回大会実行委員会，2016；大野，2018）。消費者の心理，行動を分析することも経営活動においては重要であるが，それは組織のあり方を決定づけるものではなく，製品・サービスの販売の方法というある種の「技法」である。実践の学としてのスポーツマネジメントの議論を深化さ

58

せていくためには，経営学としての原理たる理論を構築していくことが
必要なのである。

　先に述べたように大学院で博士号を取得した研究者が大学教員となる
以外に，早稲田大学スポーツ科学学術院教授である平田竹男（東京大学博
士（工学））に代表されるスポーツマネジメント領域における実務家がそ
の実務経験を評価され大学教員となり研究活動を展開するパターンも存
在する。彼らの研究活動は，自らの実務経験をベースとしてスポーツマネ
ジメント実践への示唆を目指すもの，すなわち KAE の原理で言うところ
の実践能力の養成，啓発を目的とし，スポーツマネジメントにおける経
験・現象の分析を行う方法論を提示するものであるが，十分な先行研究の
狩猟がない上に，基盤とする経営理論がなく，知識，原理の部分が欠落し
たものが少なくなく，真の意味でスポーツマネジメントにおける実務家
の実践能力の構築，啓発を喚起していくことが難しいと言える。

　一例として，わが国における実務出身の代表的なスポーツマネジメン
ト研究者の一人である平田の単著論文（平田，1991，1997，1998）を検討
する。平田（1991）では，1975 年から 1989 年までのスポーツ産業の規模
の経年的な変化を現公益財団法人余暇開発センター発行の『レジャー白
書』から算出している。そこでは，14 年の間に，14 兆 967 億円から 4 兆
2650 億円へ大幅な伸びが見られたこと，スポーツ施設利用料が急激に伸
びていることを踏まえ，「モノ」から「サービス」に「観る」から「する」
に国民のスポーツへの関わり方がシフトしていることを明らかにされて
いる（平田，1991）。平田（1997）では，家計消費支出に占めるスポーツ
支出の割合を「スポーツ係数」と定義した上で，統計局による「国民消費
実態調査」と上記『レジャー白書』からその経年的な変遷（1957〜1994 年）
を数量的に明らかにし，スポーツ係数は年を追うごとに各世代で上昇が
みられること，スポーツ意欲への高まりに伴い，スポーツ施設利用料や運
動靴の購入量などのスポーツ支出を「贅沢なもの」と感じる意識が希薄に
なっていることを明らかにしている。平田（1998）では，統計局の「家計
調査年報」を用い，上記のスポーツ係数を，オリンピック開催年である
1968 年，72 年，76 年，80 年，84 年，88 年，92 年に注目し，各世帯の収
入を六段階に分類し，それぞれの世帯のスポーツ係数の変遷を明らかに
している。スポーツ支出額は各世帯の収入に比例して大きくなるものの，

スポーツ係数は必ずしも収入に応じて上昇しないこと，より広い収入層の人々がスポーツへの意欲を見せていることを明らかにしている。このように，平田の研究は，国民のスポーツ支出の変遷を数量的に明らかにし，スポーツへの関心や意識，そしてコミットが高まってきたことを明らかにしており，実践的な含意のある論文であることは評価できる。しかしながら，三論文いずれも，先行研究の検討に一切の紙幅を割いておらず，それがゆえ，「スポーツ係数」の存在により，既存のスポーツマネジメント理論をどのように拡張することに成功したのかが不明確であると言える。また，スポーツ係数が，どのような経営学・経済学における理論的な枠組みに依拠しながら構築されたものであるのかについての記述も見られない。平田がスポーツ係数を，スポーツマネジメント研究として含意のあるものとしていく，すなわちその理論的な拡張を実現していくためには，先行研究の検討とそれによる自身の研究上の立場の表明と，どのような理論に依拠しながらスポーツ係数という理論を構築していくのかという検討が必要であろう。それによって，理論としても，実務家が自らの実践を捉えるためのフレームワークとしても有用性の高い理論として昇華できる可能性を有すると言えよう。平田竹男は，日本スポーツ産業学会の会長を務めており，自らの立場からも，スポーツ産業論という学問の理論的な拡張のために，そうした視点を有しながら研究活動を進める必要があると言えよう。

　山城（1982）の言葉を借りるならば，理論的な裏付けのない経験論的な視点・アプローチのみでは実践，そして実践の学は構築されず，それは単なる熟練（S＝skill）化に過ぎず，スポーツマネジメントにおける実務家の経営実践能力を啓発しないのである。

　以上のように述べてしまうと，わが国に経営学理論に立脚しながらスポーツマネジメント現象を分析し，スポーツ経営体ならではの経営活動の姿を明らかにし，そこにおける実務家の実践能力の向上の啓発に資することに貢献している研究者がいないのかと思われるが，決してそうではない。日本スポーツマネジメント学会を主たる研究活動の場としていない研究者（例えば日本体育・スポーツ経営学会，日本体育学会など）においては少なからず経営学理論を基盤としながらスポーツマネジメントにおける経験・現象を考察し，スポーツ経営体ならではの経営活動を究明

する学問であるスポーツマネジメントのあり方を模索しようという研究者も存在することを指摘しておく。具体的には元立命館大学産業社会学部教授山下秋二，同体育系教授の清水紀宏，鹿児島大学教育学部教授武隈晃，岡山大学大学院教育学研究科専任講師高岡敦史など東京教育大学・筑波大学大学院体育経営研究室出身の研究者たちを挙げることができよう。以下紙幅の許す範囲で，簡潔にではあるが上記の研究者たちの研究を紹介したい。

　山下（1994）は，その単著において，イノベーションの視点からスポーツの産業化に伴う，新たなスポーツプログラムが，スポーツ消費者の中でいかに受容されていくのかという，スポーツ・イノベーションの定着プロセスに関する研究を行っている。清水は，管理者行動や組織理論に依拠しながら，スポーツ組織におけるリーダーや組織のあり方（清水他，1986；清水，1986；清水・八代，1988；清水，1989；1990）の解明や，経営学理論を基盤とし，スポーツ経営学の理論構築を試みている。具体的には，山城章と同時期に活躍した山本安次郎の経営学説に依拠した理論構築（清水，1994），「スポーツ生活者」の生活経営を中核とするスポーツ経営学の理論構築などを試みている（清水，1997）。また清水は経営資源とその展開の視点からもスポーツ経営学の理論拡張を試みている（清水，1995）。武隈（1985，1986，1990，1994，1995）はリーダーシップ論，管理者行動論を基盤とし，定量調査から体育経営組織におけるリーダー像や組織としての体育経営組織のあり方を，武隈（1992）は組織理論を基盤とし，定量調査により組織としての学校体育組織のあり方を明らかにしようとしている。高岡・清水（2006）などは，「場のマネジメント」の理論に依拠しながら，フィールドワークに基づく定性調査から体育教師集団内の協働意思醸成や教師間の価値観の葛藤の解消におけるリーダーの役割を明らかにし，対話を促進させるリーダー（対話場リーダー）の役割の重要性を指摘している。

　今後，スポーツマネジメント研究と教育の活性化のためには，基盤となるKに相当するスポーツマネジメント理論の基盤となる経営学理論の学修と習得に向けたいっそうの研鑽と，こうした経営学理論を基盤としてスポーツマネジメント現象を分析し，スポーツマネジメントの理論構築を試みていく研究姿勢こそが，筑波大学大学院出身の研究者以外にも広

まっていくことが求められよう。そのためには，スポーツマネジメントの教育と研究を実践していく大学・大学院においても，スポーツマネジメントのみならず一般経営学理論を習得するためのカリキュラム，講義が必要となろう。それこそが，スポーツマネジメント現象を分析し，学問としてのスポーツマネジメント（それこそが実践能力の啓発に繋がる）を構築していくための基盤となるためである。こうしたカリキュラムはとりわけ，順天堂大学，日本体育大学，立命館大学以外の一般経営学系の講義の存在しない体育・スポーツ系の学部・大学院において求められる。また，すでに一般経営学系の講座・講義の存在している経営学系の学部におけるスポーツマネジメント系の学科，コースにおいても，一般経営学理論を基盤とし，それをどのようにスポーツマネジメント現象を分析する手段として活用していくのかを理解させ，実践していくためにはどのようにすれば良いのかを考えた上で，カリキュラムを構築していく必要がある。その意味では，単にカリキュラムを用意すれば良いわけではなく，一般経営学とスポーツマネジメント，そして体育・スポーツにおける原理・科学系の講座・講義がそれぞれどのように連動しあうのか，その有機的な関係を捉えた上で，それをカリキュラムに落とし込む必要があると言える。その意味では，スポーツマネジメントを研究する大学教員は，体育学領域の研究とスポーツマネジメントのみに関心を持つのではなく，一般経営学にも関心を持ち，高い次元での学修を深めていくことが求められ，そうした学部，学科，コースに所属する一般経営学領域の教員もまた，自らの専門領域のみ関心を持つのではなく，体育学，スポーツマネジメントに関心を持ち，高い次元での学修を行っていくことが求められる。一般経営学，スポーツマネジメント，体育学の有機的な関係は高い次元での学修を実践し，高い学識を有する研究者同士の相互用によりはじめて構築されていくものであると考えられる。

また研究者のコミュニティである学会においてもまたこうした研究姿勢が求められる。キュネーン＝パークス（1997）が指摘するように安易なスポーツマネジメントにおける現場への還元性を求めるのではなく，KAE の原理における K を基盤とした研究活動が展開される必要がある。それこそが最終的にはスポーツマネジメント実践への貢献性の高い研究となり，彼らへの自己啓発へと繋がるのである。また，学会においては安

易な実践還元性を求め，安易に実務への解を提供するのではなく，スポーツマネジメントにおける実務家の実践能力である A を高めるため，研究者同様に実務家に E を分析し，A を高めるための K の提供を目指していく必要がある。そうした姿勢こそが，実務家を研究者から問題解決のための有用な方法を与えてもらうだけの存在から脱却し，自らが研究者と連携し，問題解決を図っていく存在へと転換させることに繋がる。そして，研究者コミュニティにおける社会的構築によりそうした良質な K の確立を実現していくことこそが，研究者，実務家が各々の視点からスポーツマネジメントを作り上げ，実務家のスポーツ経営における実践能力を啓発し，その能力を高め，学問・実践としてのスポーツマネジメントの質を高めていくことに繋がると言えよう。

図表 2-3　スポーツマネジメントにおける KAE の原理

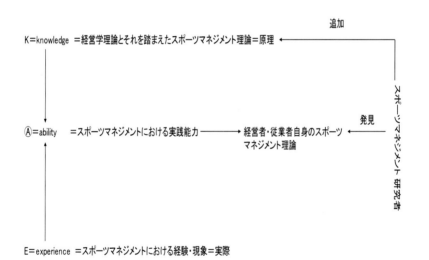

出典：山城（1970），67 頁を基に筆者作成。

第 5 節　小括

　以上，本章では，スポーツマネジメントにおける理論と実務の関係の
あり方について検討した。そこにおいては，学問としてのスポーツマネジ
メントは，スポーツマネジメント領域における実務家の実践能力を向上
させるために存在し，彼らに啓発を与えるための教育であるべきという
前提の下，一般経営学を基盤として，それを用いてスポーツマネジメント
現象を捉えていくことにより構築されるべきものであるということを明
らかにした。また，スポーツマネジメントにおける実務家も，一般経営学
理論を踏まえたスポーツマネジメント理論を基盤としながらスポーツマ
ネジメント現象を捉えていくことにより，自らの経営実践能力を高める
とともに，自らの経営実践の基盤となるような経営理論の構築を可能と
することを明らかにした。こうしたスポーツマネジメントにおける実務
家により構築された経営理論は，スポーツマネジメント研究者により発
見され，それに理論的な意味づけがなされることにより，新たなスポー
ツマネジメント理論へと昇華し，スポーツマネジメント理論の拡張を可能
とする。その上で，学問としてのスポーツマネジメント論，ひいてはスポ
ーツマネジメント学を構想していくためには，マネジメント的な理論を
そのまま応用できる部分，マネジメント的な理論を応用すべきスポーツ
マネジメント特有の部分（の解明），そのまま生かすべきスポーツマネジ
メント固有性などを踏まえていく必要性を論じた。またスポーツマネジ
メント領域の実践能力（A）は，経営学理論とそれと基に構築されるスポ
ーツマネジメント理論と，スポーツマネジメントにおける経験を基盤と
して構築されるものであり，いずれもスポーツマネジメントにおける実
践能力の構築には必要欠くべからざるものであり，スポーツマネジメン
トの実務家もスポーツマネジメント領域の研究者にもこうした研究活動
が求められることを指摘した。今後，一般経営学理論及びスポーツマネジ
メント理論を機軸としながら，実践能力の向上に貢献可能性の高い研究
が積極的に展開され，スポーツマネジメントの実務家の実践能力を啓発
していくことを期待したい。

　本章の議論は，試論的な範疇を出ていない部分もあり，それへの批判は
免れ得ないものであると自覚している。それゆえ，本章における試論を実
りあるものとしていくためにも今後，スポーツマネジメントにおける

ABCD の原理の A，B，C，D をそれぞれ明らかにしていくことが求められよう。これは，KAE の原理における E の解明にも繋がろう。それこそがスポーツならではの経営活動であるスポーツマネジメントの姿を明らかにすること，ひいては KAE の原理における A，すなわちスポーツマネジメントにおける実務家の実践能力の啓発可能性を高めていくためにも取り組まなければならない課題であると言えよう。今後の研究課題としたい。

注

1 実務経験を評価されスポーツマネジメントの大学教員となった者の中には，福田拓哉（九州産業大学人間科学部准教授，立命館大学博士（経営学）），大山高（帝京大学経済学部准教授，早稲田大学博士（スポーツ科学））のように，大学教員としての採用後，大学院博士後期課程に入学し，博士号を取得した者もいることを付記しておく（両者の経歴は，九州産業大学ホームページ，帝京大学ホームページを参考にした）。こうした大学教員においては，山城章の指摘するところの K，すなわち原理と，E すなわち実際の両方を踏まえた研究教育活動を展開し，大学生や実務家の実践能力（A）を啓発していける可能性があるものと期待される。
2 増田（2009）は，山城章の KAE の原理を踏まえ，経営学が「主体の論理」に立つとき，経営学者と経営者（実務家）は，経営しながら同時に経営を問う存在であり，経営を問いながら同時に経営する存在であるとしている。すなわち，経営をしなければ経営学はできず，経営学をしなければ経営はできないという見解である。しかしながら，辻村（2009）において，山城，増田は自説を踏まえるならば「経営をしていない」（企業における実務経験がない）ことから自らを経営学者ではないことを宣言しているものと批判されている。
3 KAE の原理が掲載されている山城（1968），山城（1970）よりも先に公刊されている山城（1960）においては，E は経験から得た「熟練」とし，skill を示す S を用い，KAS とされている。
4 辻村（2017）は，経営学研究が実地経験を基盤としなければならないのならば，実地経験，すなわち企業における実務経験のない山城は研究者ではなくなり，自己矛盾に陥ると批判し，経営学研究は，経営学教育に裏打ちされた経営教育であるべきとしている。
5 山城（1976）は，日本企業固有の経営現象である「日本的経営」を明らかにするための思考法として ABCD の原理を提唱しているが，企業以外の経営活動を明らかにすることを目指す「特殊経営学」を議論していくためにも，この思考法は必要となろう。
6 大学，大学院におけるスポーツマネジメント教育，大学，大学院以外

のスポーツマネジメント教育の現状と課題は，本書第 3 章を参照された
い。

第 3 章 わが国スポーツマネジメント教育の現状と課題—スポーツマネジメント研究との関連から—1

第 1 節 問題意識と本章の課題

　スポーツマネジメント教育は，スポーツマネジメント研究と深い関わりを持っている。なぜなら，スポーツマネジメント研究者の基礎的な知識やスキル，研究者としての態度を形成するものが教育だからである。その意味では，わが国におけるスポーツマネジメント研究における問題点を明らかにした上で，その展開のあり方を考えていくためには，単に研究の視点から検討するのではなく，わが国におけるスポーツマネジメント教育の現状，問題点，課題を明らかにする必要があると言える。今までの各章でも触れているが，スポーツマネジメントの社会的なニーズの高まりとともに，スポーツマネジメントの学修が可能な大学，大学院が増え，スポーツマネジメント研究に従事する研究者も増えており，スポーツマネジメント研究は質・量ともに充実を見せている。しかしながら，後述するようにわが国におけるスポーツマネジメント教育は，各々の大学が自らの判断の下，カリキュラムを設定し，教育活動を展開しているのが現状である。後述のように，そこでは，体育学者，スポーツマネジメントの実務経験者が主たる教育の担い手であり，自らが受けてきた教育や，自らが培ってきた研究活動を基盤として教育活動を展開し，さらにはそれを基盤としたカリキュラム構築をしている。そのため，スポーツ観戦者やスポーツ参加者へのアンケート調査などに基づくスポーツ消費者行動研究や，スポーツ現場への実習・インターンシップなどの体験型学習は発展を見せてきたが，スポーツ経営体の経営現象を分析するためのスポーツマネジメント理論，さらにはスポーツマネジメント理論の基盤となる一般経営学理論の学修の機会と，これらの学修と，上記の体育学的な学修や実践的な体験や学修がどのように関連するのかが不明確であるという問題点を残しているこうしたわが国におけるスポーツマネジメント教育につい

67

ては，多くの研究者の批判に晒されている（松岡，2018；小笠原，2008；石橋，2017；舟橋，2018；備前他，2019 など）。こうした状況においては，スポーツマネジメント教育が，スポーツマネジメント研究のさらなる質・量の増加へ貢献していくことは困難であると言えよう。

　そこで，本章ではスポーツマネジメント理論の拡張と，スポーツマネジメント実践への貢献可能性を高めるようなスポーツマネジメント教育とはいかなるべきか，その理論的なモデルを提案することを課題として設定するが，それにあたっては，スポーツマネジメント教育のみを研究の対象とはせず，スポーツマネジメント研究との関連の中で，わが国におけるスポーツマネジメント教育の問題点や展開可能性を検討していくこととしたい。

第 2 節　大学・大学院以外のスポーツマネジメント教育の現状と課題

　わが国において，大学・大学院以外でスポーツマネジメント教育が実施されている場所としては，民間のスポーツ団体による現場の従業者を対象とした研修会や講習会がこれに該当しよう。J リーグの運営団体である公益社団法人日本プロサッカーリーグが，クラブ関係者を対象に実施している GM 講座，日本体育協会が実施しているクラブマネジャー養成講習会などがこれに該当しよう（ヴィッセル神戸のヴィッセルカレッジなどの個々のクラブにより実施されている教育なども含めても良いであろう）。もうひとつは，大学院・大学などの高等教育機関による教育である。前者においては，その概要と現状，問題点，課題などは中村（2013），間野（2013），松岡（2013）などにおいて，公益社団法人日本プロサッカーリーグと日本体育協会による取り組みを中心に詳細に論じられているので，その詳細はこれらの文献を参照してほしいが，間野（2013）などは両組織の教育活動における今後の課題として，研修会への参加の義務付けなど修了者（や資格取得者）へのフォローアップを挙げている。こうしたスポーツ団体レベルの実務家向けの教育活動が多方面，大都市だけでなく多地方レベルで充実していくことにより，実務家のスキルアップにつながっていくであろう。世界に目を向けると，原田（2013），石井（2013），ヒル（2013）などで詳細な紹介があるが，ワールドカップの主催団体である FIFA などは，イギリスのド・モントフォール大学，イタリアの SDA ボ

ッコーニビジネススクール，スイスのヌーシャテル大学の協力のもと
（ド・モントフォール大学がスポーツ史などの人文的な教育を担当し，
SDA ボッコーニビジネススクールではマネジメント関連の教育を担当し，
ヌーシャテル大学では法律学を担当），10 ヶ月間の修士課程相当の教育課
程である「FIFA マスター」という教育制度を構築し，世界中から職務経
験のある人材を受け入れ，修了者は世界中のスポーツビジネスの世界で
活躍している（ヒル，2013；石井，2013；原田，2013）。この他，IOC で
は，「MEMOS（Executive Masters in Sport Organization Management）」，UEFA
では，「MESGO（Executive Master in European Sport Governance）」などの
教育プログラムを構築し，スポーツマネジメントの将来を担うであろう
人材の育成に努めており，両教育プログラムとも大学の修士号を取得で
きるメリットもある（原田，2013）。

　スポーツマネジメント教育を考えるにあたっては，それを担う人材が
どのような人々なのかを理解する必要がある。

　武藤（2013）は，現在のわが国のスポーツマネジメント組織の人材を「知
識レベル」，「知識・能力特性」の 2 次元から分類し，知識レベルが高く，
高いスポーツ固有の知識を有する「スポーツ・マネジャー（象限Ⅳ）」，知
識レベルが高くなく，スポーツ固有の知識を有する「アスリート指導者
（象限Ⅰ）」，知識レベルが高く，高い普遍的な知識を有する「転職者（象
限Ⅲ）」，知識レベル，普遍的な知識ともに高くない「新卒者（象限Ⅱ）」
の 4 つに分類している（図表 3-1 参照）。そのうえで，武藤は，アメリカ
で一番人気のプロスポーツである NFL の職員は象限Ⅲから組織に入り，
それまでの知識を活かしながら，OJT や個人の努力で新たな知識を獲得
し，象限Ⅳへ自分で移動するとしている（武藤，2013）。武藤によれば，
プロ野球や J リーグのフロントにはこのような人材が多いという（武藤，
2013）。武藤は日本のスポーツ組織に大いには，象限Ⅰのスタッフであり，
彼らの多くが現役を引退した競技者あるいは競技指導者であることを指
摘し，競技についての知識はあるが，ビジネスあるいはマネジメントにつ
いての知識が不足していることを指摘しており，彼らにこのような知識
をどのようにして付けさせていくかが日本におけるスポーツマネジメン
ト教育の実務的な課題であるとしている（武藤，2013）。武藤（2013）は，
わが国のスポーツ産業・ビジネスの従事者の人材特性を踏まえたう

図表 3-1　日本におけるスポーツマネジャーのキャリアパス

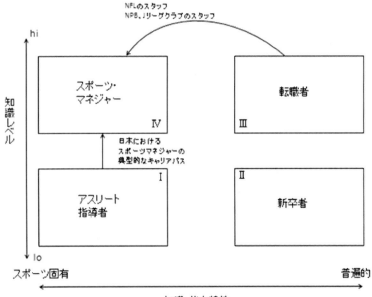

出典：武藤（2013）, 34 頁

　えで，それぞれの人材に応じた教育の必要性を指摘している。現状では，
スポーツ産業・ビジネスの実務家を対象としたわが国のスポーツマネジメ
ント教育は，かなり高い教育目標を設定しており，その結果，カリキュ
ラムが重くなっている，すなわち科目数が増えているのである（武藤，
2013）。象限Ⅲから入職した人材に関しては，基礎的なビジネスに関する
講義は不要であろうし，スポーツビジネス固有の知識や経験を積ませ，象
限Ⅳに持っていくことが求められ，その反対に，象限ⅠやⅡから入職した
人材には基礎的なビジネスに関する講義は必須であろう（武藤，2013）。
　武藤（2013）の指摘を踏まえるならば，それぞれのキャリア，経歴，彼
らが向かいたい方向に応じた対応が求められよう。
　しかしながら，武藤（2013）も指摘しているように，象限Ⅲから入職し
てくる人材はそれだけの待遇をすることが可能な NFL はともかく，わが
国のスポーツ界においては希少である。先述のように武藤は，わが国のス

ポーツ産業・ビジネスは，報酬はそれほど多くなく，安定もしておらず，スポーツビジネスを職業の選択肢として考える有能な人材は少なく，スポーツビジネスが従業者に強い意志や高い意識を求めるのは，待遇が良くなくても働く意思がある人を集めるための口実に過ぎないと指摘している（武藤，2013）。その結果，武藤は，NFLのように外部労働市場から人材を調達することはわが国のスポーツ界は困難で，元競技者などを中心に縁故で採用せざるを得ないため，教育は必須であると論じている（武藤，2013）。武藤（2013）の指摘を踏まえるならば，スポーツ産業・ビジネスを拡大させていくためにも，まずは現在スポーツ産業・ビジネスを支えている人材の教育が必要になるということであり，先述のようにそれぞれのキャリアや経歴，彼らが向かいたい方向に応じた教育が求められるということである。

　以上，スポーツマネジメントの実践の場における人材の現状について論じたが，わが国のスポーツマネジメント実践を担う人材は，高いビジネス知識を有する人材が転職してくる可能性は高くはなく，まずは彼らにビジネスに関する知識や経験，ナレッジを身に付けさせていくことが喫緊の課題と言える。後述するように，一般経営学理論，それを基盤としたスポーツマネジメント理論は，彼らが向き合うことになる実際のスポーツビジネスの世界を捉え，分析するための重要な思考枠組みとなる。それがなければ，ただやみくもに日々の業務をこなすのみとなり，経営能力を高めていくことは到底不可能となる。近年は，学会へのスポーツマネジメントの現場に身を置いている実務家の報告や参加も増えている。そうした意味では，スポーツマネジメント系の学会に求められることは安易な現場還元的・コンサルティング的な研究や議論ではなく，実務家自らがその経営実践に用いる使用理論を豊かにするような一般経営学理論を基盤としたスポーツマネジメント理論の報告や議論であろう。先述のように，実務家は，一般経営理論を基盤としたスポーツマネジメント理論を使用理論としながら，スポーツビジネスの実態に身を置き，それを分析していくことにより，スポーツマネジメントにおける経営能力を高めるだけでなく，自らの使用理論，すなわちスポーツマネジメント理論を構築していくのである。現場還元的，コンサルティング的な研究や報告は，あくまで実務家に経営実践のための「情報」を提供するにすぎず，彼らが経営実践

において用いる使用理論を豊かにするものではないためである。その意味でも，学会などの研究コミュニティには実務家の経営実践における使用理論を豊かにすることにより，彼らがそれを駆使しながら豊かな経営実践ができるようにさせることが求められているのである。彼らが豊かな経営実践を行うことは，彼らが新たなスポーツマネジメント理論の構築を可能とすることを意味し，それは最終的にはスポーツマネジメント研究を豊かなものにすることに繋がるのである（スポーツマネジメント研究者がそれを発見し，正しく言語化できるのならば）。

第3節　わが国大学・大学院におけるスポーツマネジメント教員のキャリアパターン

　本節では，わが国の大学，大学院におけるスポーツマネジメント教育の現状と問題点について明らかにする前に，わが国のスポーツマネジメント教育の担い手であるスポーツマネジメント研究者のキャリアパターンについて検討したい。言うまでもなく大学における教育活動は，大学教員により行われ，大学教員は教員だけでなく研究者としての側面を有する。一般には大学教員の教育活動は，研究者の場合は自らの研究活動，実務経験者の場合は自らの実務経験などが基盤となっている。それゆえ，本章ではまず，わが国の大学におけるスポーツマネジメントの専任教員の主なキャリアパターンを3つ紹介したい[2]。

　まず，第一のキャリアパターンは，国内外の体育・スポーツ領域の大学院の博士後期課程，博士前期課程を修了し，大学教員となるパターンである。具体的に言えば，早稲田大学や筑波大学，大阪体育大学，順天堂大学などの体育・スポーツ領域の研究科で博士号あるいは修士号を取得し，大学教員として採用されるパターンである[3]。大学院レベルで言えば，スポーツマネジメントを研究できる大学院は一部を除き，大多数が体育・スポーツ系の研究科となるため，わが国において，大学院でスポーツマネジメントを研究するためには，体育・スポーツ系の研究科を受験し入学することを目指すことになろう。スポーツ社会学などの関連領域出身で，スポーツマネジメント領域の論文を書き，スポーツマネジメントの教員として採用されるパターンも第一のキャリアパターンに含めて良いであろう。

　第二のキャリアパターンは，プロスポーツクラブやスポーツ用品メー

カー，フィットネスクラブ，スポーツ NPO などスポーツマネジメント領域の実務経験を積み，大学教員になるパターンである。スポーツマネジメントが，スポーツビジネスというフィールドを対象としている学問であるならば，第一のパターンで採用された研究者によっては提供できない実践的な知識やスキルを学生に教授してほしいという期待を込めて彼らが採用されるということは理解できる。それ以外も，急増するスポーツマネジメント関連の講座開設と担当教員確保のニーズに，大学院側の研究者の共有が追い付いていないという実情があり，実務経験者を専任教員として採用するケースは増加している。近年の大学におけるスポーツマネジメント関連コースの設置の増加によるスポーツマネジメント教員のニーズの高まりと大学院側がそうしたニーズの増加に十分な供給ができていないこともあり，スポーツマネジメント領域の実務経験者の採用数は増えている。近年では，実務経験を評価され，大学教員となった者が，大学院博士後期課程に入学したり，論文博士の制度により博士号を取得するケースも増えているが，これらの研究者ももとは実務経験を評価されて入職しているので第二のキャリアパターンに分類したい。

　第三のキャリアパターンは，大学院博士後期課程において一般経営学・一般会計学の学修を積み，スポーツマネジメントの教員として採用されるパターンである。しかしながら，この第三のキャリアパターンは，きわめてごく少数のキャリアパターンであると言える。具体例を挙げれば，第三のキャリアパターンで専任教員としてスポーツマネジメントの教育活動に従事した研究者としては，本書の著者であり，岐阜経済大学（現岐阜協立大学）経営学部准教授であった大野貴司，現京都産業大学経営学部准教授で前徳山大学経済学部准教授であった赤岡広周，大阪産業大学経営学部教授永田靖などごく少数に留まっている上，大野も赤岡も現任校では，スポーツマネジメント関連の講義・演習は担当していない[4]。一般経営学，一般会計学の研究者がスポーツマネジメント領域の論文を書き，スポーツマネジメント研究に従事するようになるパターンも第三のキャリアパターンに含めて良いであろう。

　わが国のスポーツマネジメントの研究コミュニティである日本スポーツマネジメント学会の大学に在籍している 27 名の理事・運営委員を上記の 3 つのキャリアパターンに当てはめると，第一のキャリアパターンに

該当する研究者が会長の原田宗彦をはじめ24名，第二のキャリアパターンに該当する研究者が，慶応義塾大学大学院健康マネジメント研究科准教授佐野毅彦，九州産業大学人間科学部准教授福田拓哉の2名，第三のキャリアパターンに該当する研究者は本書の筆者である大野のみであった（日本スポーツマネジメント学会ホームページ「役員」参照）[5]。

このように，日本スポーツマネジメント学会の役員のキャリアパターンには第一のキャリアパターンへの偏りがみられるが，日本スポーツ産業学会においては，会長である早稲田大学スポーツ科学学術院教授の平田竹男，同教授の間野義之，先述の佐野，大阪成蹊大学マネジメント学部教授水野利昭など，理事職にある大学教員において第二のキャリアパターンの研究者の比率は高くなっている（日本スポーツ産業学会ホームページ「組織」参照）[6]。

以上，わが国の大学におけるスポーツマネジメント領域の教員の大学入職前のキャリアパターンを分類するとおおよそ3つに分類が可能であるが，第一のパターンと第二のパターンへの偏りがあることが明らかになった。次は，この分類を踏まえ，わが国の大学・大学院におけるスポーツマネジメント教育の現状を指摘したい。

第4節　わが国大学・大学院におけるスポーツマネジメント教育の現状

日本スポーツマネジメント学会におけるわが国のスポーツマネジメント教育に関するプロジェクトによる調査結果をベースに執筆された備前他（2019）によると，わが国においてスポーツマネジメント関連の学科，コースが開設されている大学は88大学存在するという。前回の同学会のプロジェクトでは，調査対象大学は41大学であったので，この10年で約2倍増加したということになる（備前他，2019）。

備前他の調査によると，回答の得られた大学のうちスポーツマネジメント関連の学科，コースが開設されている学部は，体育・スポーツ関連学部が19大学（22.6%），人間科学・健康関連学部が15大学（17.9%），経営・経済関連学部が44大学（52.6%），その他（社会学，社会科学など）が6大学（7.1%）であるという（備前他，2019）。ここから分かるのは，わが国のスポーツマネジメント関連の学科やコースは約半分が経営・経済関連学部内に開設されているということである。

また，開設科目については，スポーツマネジメント関連の学科，コースにおいては，スポーツマネジメント，スポーツマーケティング，スポーツ産業論，スポーツ行政・政策，スポーツビジネス，地域スポーツ論，スポーツ経営学，スポーツ法学などの中核科目の他，スポーツ社会学，スポーツ心理学，生涯スポーツ，スポーツ原理・哲学，レジャー・レクリエーション論，スポーツ史，スポーツ文化論，スポーツ統計学，健康科学，障がい者スポーツなどの関連科目が開設されていること，約過半数の 43 大学（51.2%）のスポーツマネジメント関連学科，コースにおいてはスポーツマネジメントを専門とする専任教員が 0〜1 名の状況であること，さらには，63 大学（75%）においては，同コースは 2 名以下のスポーツマネジメントを専門とする教員によって運営されているのが現状であることが明らかにされている（備前他，2019）。

　また，櫻井他（2017）などは，わが国の体育・スポーツ系学部に設置されているスポーツマネジメント関連学科，コースでは，複数の講義と演習が開講されていること，また経済・経営系学部，健康系学部，人間・発達系学部ではその数値が高くなっていることを明らかにし，講義を通して習得した理論を演習において実践していく場が提供されているとして，スポーツ界で経営に携わる人材の育成を具現化できる可能性の高いカリキュラム編成であると指摘している。

　ちなみに，備前他（2019），櫻井他（2017）いずれもスポーツマネジメント関連学科，コースの代表的な設置学部の一つとして経済・経営系学部を挙げている。経済・経営系学部においては，自らが設置している一般経営・会計学系の科目とスポーツマネジメントの中核科目と関連科目を統合しながら質の高い教育を実践できる可能性は高まるように感じられるが，両者が実施した調査においては，これらの学部で開講されている一般経営学・会計学系科目の設置状況とこれらの科目とスポーツマネジメント関連科目との関係性，一般経営学・会計学系教員のこれらの学科・コースへの関わりなどについては言及されていない。

　櫻井他が指摘するような，現場体験における場の必要性については長倉（2014）などでも指摘されている。長倉などは，山梨学院大学経営情報学部のスポーツマネジメントプログラムの実践についても紹介している。また，長倉によると，山梨学院大学では年間 500 人を超える学生を地域の

スポーツ関連団体やイベントに派遣しており，2011 年度からは，こうした学生派遣にあたっての学外の組織との連絡調整窓口，スポーツマネジメントプログラムの実施のため，スポーツマネジメント研究室を組織し，アルバイトスタッフを雇用し，同研究室がその運営業務を担当しているという（長倉，2014）。

　一方，大学院におけるスポーツマネジメント教育の現状であるが，スポーツマネジメント関連の講義・演習を開講している大学院であるが，舟橋（2018）は 12 校（仙台大学，流通経済大学，筑波大学，上武大学，早稲田大学，順天堂大学，慶應義塾大学，法政大学，立命館大学，同志社大学，大阪体育大学，鹿屋体育大学）に留まっているとしているが[7]，筆者が確認したところ，上武大学大学院においては，スポーツマネジメント関連科目は講義科目は開設しているが，演習科目は開講していない（上武大学ホームページ参照）。舟橋の指摘を踏まえるならば，わが国のスポーツマネジメント関連の大学院は増加しているスポーツマネジメント教員の供給というニーズに十分に応えることができていないのが現状であると言えよう。

　また，上武大学を除く舟橋が挙げた 11 校と，それ以外の大学院でスポーツマネジメント関連の演習を開講している大学院において，博士後期課程を開設しているのが，筑波大学，一橋大学，早稲田大学，順天堂大学，慶應義塾大学，立命館大学，同志社大学，大阪体育大学，鹿屋体育大学，中京大学の 10 校である。一橋大学が経営管理研究科，慶應義塾大学が健康科学領域の研究科である健康マネジメント研究科に設置されている以外，すべての大学院は体育・スポーツ系の研究科である。この事実を踏まえるならば，スポーツマネジメント研究者は，一橋大学と慶應義塾大学を除くと体育・スポーツ系の研究科の中で育成されるということになるが，現行において慶應義塾大学の健康マネジメントの博士号を取得し，スポーツマネジメントの研究に従事している研究者はおらず，一橋大学の旧商学研究科でスポーツマネジメントの学修を収めた研究者は，京都産業大学経営学部教授の涌田龍治と一橋大学大学院経営管理研究科准教授中村英仁の 2 名に留まっており[8]，両大学にてスポーツマネジメントの学修を収めた研究者は極めて少数派と言えるであろう。先述のように，わが国の体育学を基盤とするスポーツマネジメント研究者の主たる研究上の関

心は，スポーツ消費者・スポーツ実施者の姿の解明である。言い換えると，彼らの研究上の関心は，スポーツ領域の消費者行動論である。こうした彼らの研究上の関心や彼らがもっぱら有する研究手法は，博士前期課程，博士後期課程の大学院生へと受け継がれ，彼らが大学院生を指導する際に同様の研究手法を教授し，指導に当たるというように，同じ研究上の関心，研究方法論を有する研究者が再生産されているというのがわが国の大学院におけるスポーツマネジメント研究者の育成の現状であると言えよう。事実，わが国におけるスポーツマネジメント領域の博士論文の特徴として，特にわが国の代表的な体育・スポーツ系大学院のひとつであり，数多くのスポーツマネジメント研究者を養成し，彼らを大学へ教員として送り出している早稲田大学に顕著であるが，スポーツ観戦者やスポーツ実施者の姿を解明しようという消費者行動論に分類される研究が多いことが挙げられる[9]。その意味では，スポーツ消費者の行動の分析に関しては豊富な学識を有する研究者が多いと言えるが，こうしたハードデータを戦略やマーケティングにどのように活用していくのか，そして外部環境の変化に対応し，自らの戦略や組織をどのようにマネジメントしていくのかというスポーツマネジメントの「マネジメント」の部分について十分な学識を有さない研究者を育成しているのがわが国の大学院におけるスポーツマネジメント教育の現状であろう。もちろん筑波大学体育・スポーツ経営学研究室のように特定の経営理論に立脚しながら教育活動を展開し，研究者を育成しようという大学・大学院もあるが，筑波大学の体育経営学領域で博士号を取得する研究者数は少なく，そのフィールドは学校体育，総合型地域・スポーツクラブなどが中心であり[10]，そうした理論を用いながら営利領域のスポーツ組織のマネジメントを研究しようという機運は薄い。その意味では，筑波大学の当該研究室における研究上の関心は，スポーツマネジメントではなく体育経営学であると言える。スポーツマネジメント領域の実務経験者を採用する傾向が加速しているのは，大学側の人材供給というニーズに数量的に十分応えることができていないこともあろうが，質的な問題，すなわち組織の運営管理や戦略などを教えられる人材が欲しいという大学側のニーズに大学院側が応えられておらず，そうした大学側のニーズに実務経験者のほうが応えられているということがあると言えよう。

第 5 節　わが国大学・大学院におけるスポーツマネジメント教育の問題点

　ここでは，わが国大学・大学院におけるスポーツマネジメント教育の問題点について検討したい。先行研究を概観すると，まずは，松岡（2008）などは，わが国のスポーツマネジメント教育の問題点として，スポーツマネジメントに関する明確な定義づけがなされていない[1]がゆえ，学問的な位置づけが不明確な教育プログラムがあること，スポーツマネジメントやスポーツビジネスと一致していない科目があること，スポーツマネジメントの学位を取得した教育者が少ないこと，スポーツマネジメント教育を学び卒業後に従事できるジョブマーケットが限られていることを挙げている。また，石橋（2017）などは，歴史的蓄積の不足やカリキュラム構成について各大学の裁量に委ねられている不明瞭さなどを指摘している。舟橋（2018）は，カリキュラムの不十分さ，スポーツ産業市場に対する学生の過剰供給，スポーツマネジメントの見識を有する専門教員の供給不足と大学側の需要過多，実践的な教育プログラムの手薄さを挙げている。わが国スポーツマネジメント教育の現状と課題について論じた最新の論文である備前他（2019）では，スポーツマネジメントが何を学ぶ学問なのかが明確化されていないこと（そしてこれは，松岡（2008）論文，小笠原（2008）論文が記された約 10 年前から今まで明らかにされていないこと），各大学に所属するスポーツマネジメント関連の専任教員数の少なさ（全体の約 8 割の大学で 2 名以下），それゆえにスポーツマネジメント教育を提供するにあたり，非常勤講師または他分野の教員に依存しているのが現状であることが指摘されている。

　上記の先行研究の中でも，松岡（2008），小笠原（2008），備前他（2019）が暗に指摘しているのは，「スポーツマネジメントならではの教育カリキュラム」とはどのようなものかということが明らかにされていないということであり，これこそが学問としてのスポーツマネジメントの独自性となり，それに基づいた育成された人材もまた独自性を有することになると言えよう。以下，この問題意識を踏まえ，筆者なりにわが国のスポーツマネジメント教育の問題点を指摘したい。

　先述のようにわが国のスポーツマネジメントの主たる研究と教育の担い手は，体育・スポーツ系の大学院を修了した研究者とスポーツマネジメント領域の実務経験を積んだ実務出身者である。以下，それぞれの研究と

教育の特徴と問題点を指摘したい。

　まずは，体育・スポーツ系の大学院を修了した研究者である。先述であるが，彼らの研究上の関心は，スポーツ観戦者やスポーツ実施者の行動の解明，すなわち消費者行動である。研究者の教育活動は一般には自らの研究活動を基盤に行われることを踏まえると，彼らはスポーツマネジメント領域の教育活動においても，スポーツ観戦者やスポーツ実施者の行動の解明，すなわち消費者行動に重点を当てた教育活動を実践していると指摘できる。この指摘は，CiNii 等で閲覧可能な博士論文や，修士論文，インターネットで断片的に検索，閲覧が可能である学部の卒業論文やその概要（早稲田大学スポーツ科学部の卒業論文など）によりそれを裏付けることが可能である。こうした事実を踏まえるならば，体育・スポーツ系大学・大学院でもっぱら教授されるのは，アンケート調査の分析に必要な統計学や統計ソフトの使用方法，マーケティング・リサーチなど，消費者行動の解明に必要なスキルや方法論である。こうしたスキルや方法論は明確な回答や教授法があり，ミンツバーグが指摘するように教授を行う側も教育を受ける側にも，比較的容易な作業であると言えよう。その一方で，スポーツマネジメントのマネジメントの部分，ミンツバーグ（2004, 2009）が指摘するところのソフトスキルは，明確な正解があるわけではなく，スポーツマネジメント領域，とりわけわが国における体育学をベースとする研究者においては，その理論や教授方法論に習熟している者は少なく，その結果，自らの教育活動において，方法や手法としてそれ（マネジメント論）を用いることは忌避されてきたと指摘することができる。その意味では，体育・スポーツ系の大学・大学院においては，学生に対してスポーツ組織のマネジメントにおいて活用するためのデータの収集や分析手法については教授してはいるものの，それを実際の組織のマネジメントにおいてどのように活用していくのかについてを十分に考える，あるいは教授する機会を与えていないと指摘することができる。

　こうしたサイエンス偏重の現行の体育・スポーツ系の大学・大学院においては，豊富なインターンシップ先，実習先などが準備され，その不足を補う機会がカリキュラムとして提供されている場合が多い。こうした経験型はミンツバーグ（2004, 2009）の指摘するところの目に見える経験を基礎に，実務性を生み出す「クラフト」に相当する。こうした実践的な学

びにおいて重要なことは，ミンツバーグ（2009）も指摘しているように，自らの経験を題材として，それを自らが習得した理論を用いながら省察[12]していくことである。経験は実りある省察を経て初めて学びとなる。その意味では，経験の前後にあるマネジメント的な学びや省察が重要となり，そのメンター役である教員はマネジメント理論に習熟していることが求められるわけではあるが，現行の体育・スポーツ系の大学・大学院にて教鞭を取る研究者は，消費者行動論を研究手法にする者が大半であり，マネジメントの方向から学生の省察を導くことは困難であると言える。また，体育・スポーツ系大学・大学院には，スポーツマネジメントの実務経験を経て大学教員となった研究者も居るが，先述のように彼らの研究は，スポーツマネジメントの実務への貢献を主眼に書かれたものが多く，どのような学問的な基盤を持って考察を進めているのか，そしてどのような学問領域へのインプリケーションを目指しているのか不明確なものが多い。そうした事実を踏まえると，彼らは，学生による経験型学習を「より良い経験」へと発展させていくことは可能であろうが，学問的なフレームワークを使いながら，彼らに自らの経験を省察させ，理論自体と理論の使用・応用能力を習得し，マネジメント能力を習得していくことは困難であると言えよう。

　次は，スポーツマネジメントの実務経験を評価され大学教員となった研究者である。先述のように近年は，スポーツマネジメント関連の学科，コースの開設が増加しており，その一方でスポーツマネジメントを研究できる大学院，さらには博士後期課程を開設している大学が少ないこともあり，大学側の需要過多の状態が続いている。こうした需要過多の状態を補う手段として実務経験者が大学教員として採用されるケースが増えていることも先述した。さらには，これも先述ではあるが，体育・スポーツ系研究者が対応困難であるスポーツマネジメントにおける「マネジメント」の部分の教育を担う期待も込められていると考えられる。

　彼らは，自らの経験をバックボーンとした研究，そして教育活動を展開している。その意味では，大学教育における講義や演習を通じ，自らの経験を伝承しているということになる（大学教員転身後，博士号を取得した教員においては，教育活動に研究活動の成果も加味されることになろうが）。また，体育・スポーツ系大学・大学院のみではなく，経済・経営学

系学部のスポーツマネジメント学科，コースも同様に，スポーツ領域のインターンシップ，実習などをカリキュラムとして配備し，学生に現場体験を積ませる機会を提供している。しかしながら，先述のように，経験はそれを理論を用いながら省察することにより，はじめて理論と実践との統合が可能となり，スポーツマネジメント能力を啓発することを可能とする。省察のファシリテーターである教員が，自らが頼るところが実務経験のみである場合は，それをもって学生の省察をサポートすることになるが，それによって可能となるのは理論と実践の統合ではなく，単なる経験の深化であろう。小笠原は，実践を行っているスポーツビジネスの現場での経験と体験のみの大学教育授業であれば，大学という研究教育機関で学ぶ必要性がやはり薄らぐとしている（小笠原，2008）。

　言い換えていくと，スポーツマネジメント領域の実務経験を積んだ研究者は，「経験（Experience）」の教授は可能である。しかしながら，経験は，山城（1968，1970）が指摘しているように，理論（Knowledge）を基盤とすることにより，経営能力を啓発することが可能となるのである。その意味では経験のみでは経営能力の向上にはつながらず，理論が必要となるということである。

　以上，わが国スポーツマネジメント研究者のキャリアごとのスポーツマネジメント教育における問題点を検討した。いずれにも共通した問題として挙げられるのは，教育者間でスポーツマネジメントならではの人材育成とはどのようなものかに関するコンセンサスがないことである。これは，備前他（2019）が指摘しているように，そもそもがスポーツマネジメントが何を学ぶ学問なのかが明確化されていないことであり，スポーツマネジメントの学問的な独自性が明確化，そしてそれを教育者間で共有できていないことに起因している。こうした問題は，スポーツマネジメントの根幹をなす一般経営学理論と，スポーツマネジメント理論やスポーツ社会学やスポーツ史，スポーツ生理学などの関連領域，そしてインターンシップや実習などの実践とのつながり，関連性が不明確であることに起因している。これについては，松岡（2008），小笠原（2008），備前他（2019）等の先行研究においても指摘がされていない。国内の先行研究において，一般経営学とスポーツマネジメントの繋がりについて言及しているのは，スポーツビジネスマネジメントの構成要素として，スポーツ

学とビジネス，マネジメントを挙げ，これらの三要素が歯車のようにかみ合うことによりスポーツビジネスマネジメントは機能するとしている吉田（2012）のみである。スポーツマネジメントが，スポーツ領域のマネジメント現象を明らかにする学問であるならば，マネジメントの根幹をなす経営学理論がスポーツマネジメントにおいてどのように位置づけられ，スポーツマネジメントの構成要素であるスポーツマネジメント理論や関連領域の学問，実践とどのようにつながりあっているのか，その相関関係を明らかにしなければならないであろう。それこそが，スポーツマネジメントと一般経営学，他の領域の経営学との違いを明確化させる作業であると言えよう。ハーディー（1987）などは，スポーツマネジメントの学修を行う大学院生には，基盤となる経営理論と，それをスポーツマネジメントへと応用する能力，また他の産業との比較研究を行う能力が求められるとしている。また，フィールディングス他（1991）が，行ったアメリカのスポーツマネジメントコースを有する大学の関係者の調査においても約 50％が，経済学や会計学，経営学，マーケティングなどのビジネス基礎の講義や学修の必要性を認識していることが指摘されている。一般経営学理論とスポーツマネジメント理論，関連理論，インターンシップや実習などの実践的な学習，それぞれの相応関係を明らかにすることこそが，松岡（2008），小笠原（2008），備前他（2019）が指摘しているいまだ解明されていない「スポーツマネジメントが何を学ぶ学問なのか」ということを明らかにすることにつながるものと言えよう。

第 6 節　わが国スポーツマネジメント研究および教育における課題
—ミンツバーグ，山城章の所説を踏まえた示唆—
第 1 項　ミンツバーグのマネジメント能力と山城章の KAE の原理，ABCD の原理

　本章では，今までの議論を踏まえ，わが国におけるスポーツマネジメント教育および研究における課題と展望を検討していきたい。検討するにあたり，まずは，本章における分析視角であるミンツバーグのマネジメント能力と山城章の KAE の理論を簡潔に紹介したい。

　まずミンツバーグのマネジメント能力について簡潔に紹介したい。ミンツバーグ（2009）は，マネジメントはサイエンスでもなければ，専門技

術でもなく，実践の行為であり，主として経験を通じて習得されるとしている。具体的には，ミンツバーグは，マネジメントを成功させるには，分析や体型的データに基づくサイエンス，経験であり現実に即した学習であるクラフト，ビジョンであり，創造的な発想であるアートの3つの要素が必要であるとしている（Mintzberg, 2004, 2009）。マネジメントとは，その性格上，あらかじめ決まっている一定の「方程式」をあてはめて行動するだけではうまくいかず，経験，直観，判断，知恵とった言葉がしばしば用いられる（Mintzberg, 2009）。その意味で，ミンツバーグは，マネジメントとは先述のように実践の行為であり，かなりの量のクラフト，ある程度のアート，いくらかのサイエンスが組み合わさった仕事であるとしている（Mintzberg, 2009）。

　このように，ミンツバーグは，マネジメントを実践の行為であると捉えているため，マネジメント教育について経験，すなわちクラフトを有さない社会経験のない学部生に行うことは否定的である。そこにおいては，彼は，自らの経験を教材に，それを優れた理論を用いながら，自らの経験に理論という光を当てながら省察することにより学習が深められるとしている。そしてこうした学習の結果は，彼らの仕事の場に還元されるのである。このような理論と経験の往復を，省察を通じて行うことにより，学習が深化されるとミンツバーグが考えている（Mintzberg, 2004）。

　以上，ミンツバーグの考えるマネジメント能力の構成要素について簡潔に紹介したが，ミンツバーグは近年の実務経験の少ない，あるいは実務経験のない学生が入学するビジネススクールにおいては，彼らが容易に習得でき，容易に応用できるハードデータの収集と活用，すなわちサイエンス教育に偏重していることを指摘しており，上記のように経験に基づく省察の必要性を指摘している（Mintzberg, 2004）。その意味では，理論だけでなく，経験も同様にマネジメント能力の養成には求められ，後述の山城同様，その実りある対話こそが必要であり，両者の橋渡しをすることこそがビジネススクールの教員の役割であるとミンツバーグが考えているのである。

　次に前章と多少重複するが，後に続く論述の理解の促進のため山城章のKAEの原理とABCDの原理を簡潔に紹介したい。まず山城は経営学の最終的な目的とは，経営を実践する経営者，管理者の経営能力の開発であ

るとし,「実践経営学」を提唱している。山城は, この実践経営学の中核
をなす概念として KAE 理論を提唱している。KAE 理論における K とは
knowledge のことであり, 経営に関する知識, 一般原理のことである。次
に A とは ability のことであり, 経営を実践する実務家の能力のことであ
る。最後の E とは experience のことであり, 経験, 経営を取り巻く実際の
ことである（山城, 1970）。

　K とは原理を示す概念ではあるが, これを山城は, 囲碁や将棋における
定石, スポーツにおける基本, 指導における正攻法と理解されるべきもの
であるとしている。K はアカデミックな文献研究や知識中心の勉強を示
すものであり, 長い研究のうちに定式化し, 正攻法化し, 国籍関係なく一
般化して原理と呼ばれるものになったものである。そしてこの K は実践
能力である A の基盤をなすのである。また山城は, 経営学は学であるだ
けでなく, その主体が経営活動に従事する実務家であることを踏まえ, 経
営学にはそれを基盤とした「教育」が必要であり, そうであるならば実践
能力を啓発することができるところまで研究を高めることこそが実践行
動の学問であり, 実践の能力化を目指す研究の態度であるとしている（山
城, 1970）。

　A は K を基盤として構築されるものの, それだけでは十分ではない。
K とは山城によれば「知っていること」である。「知っていること」は「で
きること」とは一致はしない。知っていたとしてもそれはできることとは
イコールにはならない。すなわちできる・できないという行為能力は知識
とは別なのである（山城, 1968）。

　山城は, 基礎なしに有能な行動はできないゆえに K の存在は必須であ
るとしているものの, K のみでは実践能力は構築されず, 実践能力である
A は, 原理である K と実際の経験である E を基盤として構築されるもの
であるとしている（山城, 1970）。さらに山城は, 原理である K は不変で
はないと指摘している（山城, 1968）。E に対応しながら漸次前進し, 精
度を高めつつ変化していくためである。このように K と E を前提とし,
両者の関係から実践能力である A が発揮されるのである（山城, 1968）。

　経営活動や現象の実際をあらわす E は, その国の伝統と歴史, それぞ
れの業界や組織の中で培われるものであり, 決して同一に語ることができ
ず, 多様性を帯びている。それゆえ実践である A においてもそれぞれ

の特色が現れるのである（山城，1968）。

　以上の議論を踏まると，山城は，経営における実践能力は原理のみでも，経験のみでも高めることはできず，原理と経験の両方が必要であり，両者との相互作用の中で高められていくものであると考えていると言うことができよう。

　山城は経営実践における原理は一般でも，実際は多様であるゆえ，実践は国や組織により多様であるとしている。その意味で，原理を基盤としながらも，それぞれの国ごとの特殊性を踏まえ，それに求められる実践能力の究明を図ろうとするアメリカ経営学，イギリス経営学，ソ連経営学，日本経営学，組織ごとの特殊性とそこで求められる実践能力の究明を図ろうとする企業経営学，官庁経営学，学校経営学，病院経営学，労組経営学の必要性を指摘している。この他山城は軍隊や宗教団体の経営学にもそれに応じた経営学の必要性を論じている（山城，1968，1970）。

　また山城（1976，1982）は，こうした特殊経営学を考えるにあたっての思考枠組みとして「ABCD の原理」を提示している。A は，「適応・適用」（accept, adapt）をあらわし，その対象においてマネジメントの行動原理をそのまま導入し，適応しうるものである。B は，「ブラックボックス」（black box）をあらわし，その対象においてマネジメントの行動原理を適用し，適応させることができるのか，あるいはそれ自身が固有のものであり，マネジメントの行動原理を適用し，適応させるのが困難なのか不明確な状態のものである。C はそれ自身の「特性」（constant, continuity）であり，その対象においてそれ自身がそのまま残るものをあらわす。最後の D は「開発」（development）をあらわし，その対象固有のものを開発することをあらわしている（山城，1982）。

　以上，山城の実践経営学の構成原理である KAE の原理と ABCD の原理を簡潔に紹介した。KAE の原理における理論を通して経験を解釈し，経営能力を高めていくことに繋げていくという方向性に関してはミンツバーグと通じる部分があり，ABCD の原理における普遍性と特殊性を明確にしたうえで，経営理論を適用できる部分にはそれを用い，それが難しいところは固有のマネジメント理論を探索していこうとするスタンスは，ハーディー（1987）などの 1980〜90 年代のアメリカにおけるスポーツマネジメント研究者や，武藤（2008）などと通じる部分がある。

第 2 項 ミンツバーグと山城章の所説を踏まえた今後のわが国のスポーツマネジメント研究および教育の課題と展望

　ここでは，ミンツバーグと山城の所説を踏まえて，今後のわが国のスポーツマネジメント研究および教育に関する課題と展望について明らかにしていきたい。

　前章で明らかにしたように，今後のわが国におけるスポーツマネジメント研究および教育においてまず求められるのは，スポーツマネジメント研究，教育いずれにもおける一般経営学理論の位置づけであろう。一般経営学理論の習得こそが，スポーツマネジメントの特異性および独自性を明確化させるとともに，他の領域の経営学との差異を明確化させるものとなるゆえ，きわめて重要な課題であると言える。山城の KAE の原理，ABCD の原理，ハーディー（1987）の指摘を踏まえるならば，一般経営学理論は，スポーツマネジメントの学修における基盤をなすものであると言える。スポーツマネジメント研究者のパークハウス（1984）などもまた，スポーツ心理学の学修に心理学が必要となるように，スポーツマネジメントの学修にはマーケティングや会計，マネジメントなどの基礎的な講座が必要であるとしている。研究者各自が一般経営学理論を踏まえ，そのうえで，スポーツ社会学やスポーツ史，スポーツ心理学やスポーツ生理学などの関連領域の学問を習得した上で，スポーツマネジメント研究を展開し，スポーツ領域固有の経営現象を明らかにしていくことが求められる。そこにおいては，山城も指摘するように，一般経営学理論がそのまま適用可能な部分，固有の経営理論を構築していくべき部分があり，それを丹念に検討する必要があり，そのためにも，スポーツマネジメント研究者が，一般経営学理論に精通する必要があると言える。近年は，足立・松岡（2018），奈良（2020）など，スポーツ領域の経営現象の固有性を明らかにしようとする試みも出てきている。こうした試みが今後一層促進されることを期待したい。スラックなども，スポーツマネジメント研究者が，スポーツマネジメントという学問が依拠する一般経営学理論に熟達する必要性を挙げている（Slack, 1994）。スポーツマネジメントが学術研究であり，特殊経営学である以上，こうした研究姿勢は，スポーツマネジメントを研究対象とするすべての研究者―そしてそれは実務経験を評価され，大学教員となった研究者にも―に求められると言えよう。

こうしたスポーツマネジメントと一般経営学との関係であるが，山城のKAEの原理やミンツバーグのマネジメント能力の理論と実践との関係に近いのかもしれない。スポーツマネジメント研究者は一般経営理論という道具を使いながら，自らが身を置いているスポーツ現象を解釈し，自らスポーツマネジメントという理論を構築していくのである。解釈する対象が存在しなければ，一般経営学以外の何物でもないであろうし，解釈する道具がなければ，スポーツ現象はスポーツ現象，経験は経験のままである。その意味では，両者が有機的に関わりあってこそはじめてスポーツマネジメント研究となると言える。

　次に，わが国におけるスポーツマネジメント教育の展望について検討したい。スポーツマネジメント教育においても，スポーツマネジメント研究同様一般経営学理論が基盤となることは変わらないと言える。一般経営学理論とスポーツ社会学，スポーツ史，スポーツ生理学などのスポーツ関連領域を基盤としながら，スポーツマネジメント理論を習得していくことが求められると言える。スポーツマネジメント教育の目的は，最終的には，教育を受ける学生（大学生・大学院生）のスポーツマネジメント能力の養成にあると言える。その意味では，理論の習得が教育の目的ではなく，習得した理論を自分が直面しているスポーツ実践において使用，応用するというように，使いこなせるようになることがその目的であると言える。理論と実践の関係性の明確化は，旧来のスポーツマネジメント教育研究では明らかにされてこなかった点であると言える。先述のように，ミンツバーグも山城も，マネジメントにおける実践，すなわち経験を重視している。スポーツマネジメント能力の養成にもまた経験が必要となる。しかしながら，実務経験のない学部生，大学院生にはこの経験を積むことは不可能である。そのため，スポーツマネジメント関連の大学，大学院におけるインターンシップ，実習などを実践，経験の代替として活用することが求められるのである。学生たちは，一般経営学理論とスポーツ関連理論を抑えたうえで，スポーツマネジメント理論を習得し，それを基にして，インターンシップ，実習などの実践を経験し，その後，理論を用いながらその経験を省察することにより，スポーツマネジメント理論の習得と応用，そしてそれによるスポーツマネジメント能力の啓発が可能となるのである。スポーツマネジメント領域の教員は，一般経営学理論を踏まえた

スポーツマネジメント理論の視点から学生の省察をサポートする役割が求められ，学生の省察をサポートするには，スポーツマネジメント理論だけでなく，一般経営学理論にも熟達することが求められる。そうでない場合は，省察は経験を振り返るだけのものとなり，視角の存在しないものとなり，それ自身が経営能力を啓発するものとはならず，経験の範疇を出ないものとなってしまう。理論を通じた経験の省察により啓発されたマネジメント能力は次なる一般経営学の学修や次なる実習などの現場体験へのモチベーションの向上へとつながり，より高度なナレッジ（K）と現場体験（E）はより高度なマネジメント能力の修得の基盤を提供するのである[13]。こうした理論を基盤として，実践経験を積み，それを省察することによる理論と実践との往復的な相互作用により，ミンツバーグ（2004, 2009）がマネジメント能力の一つとして挙げている，ビジョンであり，創造的な発想を身に着けるアートを身に着けるための素地が構築されるものと考えられる。そして，もう一つミンツバーグが挙げているサイエンスであるが，サイエンスはどこに位置づけられるのか。スポーツマネジメントにおけるサイエンスは，消費者に関するデータの収集や分析，活用のためのスキルの習得が考えられよう。これは，それ自体はスポーツ組織の運営を考えるにあたって独立した理論ではなく，スポーツマネジメント理論を構築するにあたってその裏付けとしての役割を果たしたり，自らの実践において実践をより良いものとしたり，省察段階での解釈をクリアなものとする補助的な役割を果たすために活用されるべきものであると言える。

　以上，本節では，今後のわが国スポーツマネジメント研究および教育に関する課題を挙げながら，今後の展開可能性を構想した。そこにおいては，スポーツマネジメントが特殊経営学であることを踏まえ，経営学としてのスポーツマネジメントにおける「普遍」に相当する一般経営学理論を基盤としながら，スポーツならではのマネジメント理論であるスポーツマネジメント理論を構築すること，構築されたスポーツマネジメント理論を踏まえ，実践経験を積み，それをスポーツマネジメント理論を用いながら省察することにより，スポーツマネジメントならではの経営能力であるスポーツマネジメント能力を啓発する必要性を指摘した。そのためにも今後，わが国のスポーツマネジメント研究および教育においても，パー

クハウス（1984），ハーディー（1987），スラック（1994）などのアメリカにおけるスポーツマネジメント研究者が指摘するように一般経営学理論への注目と，その習得が求められるということになろう。以上の本章における議論を図示すると図表 3-2 のようになる。

図表 3-2　議論のまとめ

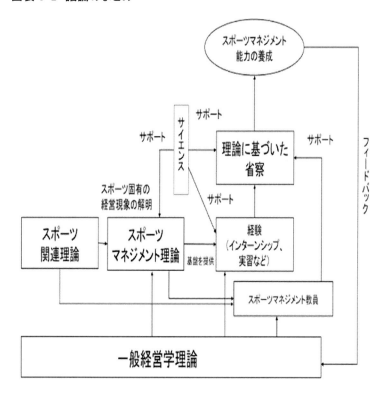

筆者作成

第 7 節　小括

　以上，本章では，わが国におけるスポーツマネジメント研究および教育に関する現状を紹介し，そこからその問題点，課題を明らかにし，ミンツバーグと山城章の所説に依拠しながらにこれらの課題をどのように解決していくのかに関する提言を行った。そこでは，一般経営学理論を基盤と

しながら，スポーツマネジメント理論を構築し，それを基に実践経験を積み，スポーツマネジメント理論を基に自らの実践を解釈，すなわち省察することにより，最終的にスポーツマネジメント能力を啓発していくべきであり，スポーツマネジメント領域の専任教員は，一般経営学理論に基づくスポーツマネジメント理論の学識をもって，学生の省察をサポートすることにより，単なる経験の深化ではなく，より高次のスポーツマネジメント能力の啓発へとつなげていくべきであることを指摘した。一般経営学理論を基盤とするスポーツマネジメント理論を基に自らの経験を省察することにより見出される理論こそスポーツならではの経営理論，すなわちスポーツマネジメントであり，それこそがスポーツマネジメントの独自性であると言えよう。こうして獲得されたスポーツマネジメント理論は新たなナレッジの獲得と現場体験のベースとなるのである。本章における提言は，スポーツマネジメント研究と教育という，個々別々ではない両側面から，一般経営学理論，スポーツマネジメント理論，スポーツ関連理論，インターンシップ・実習などの実践型教育，スポーツマネジメント能力の養成などの個々のスポーツマネジメント研究および教育に関するキーワードがいかに繋がりあうのか，その有機的で相互作用的な関係性を示した部分と，スポーツマネジメント能力を構成する個々の概念とそれぞれの概念の関連性を明確化させたことにおいて，スポーツマネジメント研究およびスポーツマネジメント教育研究に対する貢献が見いだせよう。

しかしながら，本章においては，理論的な枠組みを示したのみにとどまっており，こうした理論的な枠組みの実現可能性などに関する検証までは行うことはできなかった。とりわけ理論を基にした省察と，それによるスポーツマネジメント能力の啓発の部分についてはそれこそ教育学や学習理論―例えば省察的実践など―に基づく仮説の構築と実証研究によるその検証が必要であると言えよう。今後は，自らの実践や実証に基づく検証を重ねながら，本章において指摘した理論枠組みの妥当性を検証する必要があると言える。また，本章においては，スポーツマネジメントの独自性を構成する要素の解明までは成功したが，スポーツマネジメントの独自性とは何かを明確に定義するまでには至っていない。今後は，足立・松岡（2018），奈良（2020）などのように特定のスポーツ産業に焦点を当

てながら，実証的にスポーツマネジメントの特殊性を明らかにしていく
ことも有効な方策と言えよう。

注

[1] 本章は，第 2 節は，大野（2014），第 3～7 章は，大野（2020b）に加筆
訂正を施したものである。第 1 節は書き下ろしである。

[2] あくまで主なキャリアパターンであり，これ以外のキャリアパターン
（一橋大学のような一般経営学系の博士後期課程でスポーツマネジメン
トの学修を収めたパターン，体育学，一般経営学・会計学以外の博士後
期課程において学修を収めスポーツマネジメント領域の専任教員となる
パターンなど）も存在することを付記しておく。

[3] 修士号取得者の場合は，修士号取得直後に採用されるケースは少な
く，数年間実務経験や大学，短期大学の非常勤講師を経て採用されるパ
ターンが多い。

[4] 京都産業大学，帝京大学ホームページ教員紹介，オンラインシラバス
を参考にした。

[5] それぞれの研究者のキャリアについては所属大学のホームページ，
Researchmap を参考にした。理事の一人である立命館大学スポーツ健康
科学部教授の長積仁は，徳島大学在職中の 2008 年に岡山大学にて博士
号（学術）を取得している（「Researchmap」長積仁の頁参照）。また，運
営委員である九州産業大学人間科学部准教授の福田拓哉もまた，新潟経
営大学在職中の 2013 年に立命館大学にて博士号（経営学）を取得して
いる（「Researchmap」福田拓哉の頁参照）。

[6] それぞれの研究者のキャリアについては所属大学のホームページ，
Researchmap を参考にした。

[7] 舟橋が挙げた 12 校以外でスポーツマネジメント関連の演習を開講して
いるわが国の大学院としては，筆者が確認した限り，一橋大学，中京大
学，岐阜協立大学，びわこ成蹊スポーツ大学が存在している（各大学の
ホームページ参照）。

[8] 涌田，中村の経歴は京都産業大学と一橋大学のホームページ，
researchmap を参考にした。

[9] わが国のスポーツマネジメント領域の博士論文の確認については CiNii
を参考にした。

[10] CiNii を参照した。

[11] わが国のスポーツマネジメント教育について論じた小笠原（2008）に
おいても同様の指摘がなされている。

[12] 本書では，省察という用語を，ミンツバーグ（2004）を踏まえ，「経
験を洗い出し，意味づけしていくこと」と捉えたい。

[13] この部分の記述は，増田（2009）に着想を得ている。

第2部　スポーツマネジメントにおける実態の検討

第4章　わが国大学運動部組織の特性と課題

—その発展史を踏まえて—

第1節　問題意識と本章の課題

　前章でも述べたように，近年のわが国のスポーツ界では，大相撲の八百長問題，弟子への暴行死事件，自殺者を出した大阪桜宮高校の体罰問題，全柔連女子強化選手による指導者による暴力暴言への告発問題，大学運動部においては，運動部員による女性への暴行や大麻栽培，後輩への暴行，日大アメフト部危険タックル問題など社会を騒がせた不祥事が多発しており，暗い話題に支配され続けていた。これらの一連のスポーツ界における不祥事を受け，2019年には日本版NCAAである一般社団法人大学スポーツ協会（UNIVAS）の設立，スポーツ団体ガバナンスコード（中央競技団体向け・一般スポーツ組織向け）の制定などの対応がなされたが，個々のスポーツ組織が，こうした問題，不祥事への対応に真摯に向き合わない限りはわが国におけるスポーツ組織は永遠に同じ問題が繰り返されることになろう。

　こうした背景を踏まえ，本章では，わが国スポーツ組織による不祥事防止，スポーツ組織の適正な運営という視点から，わが国のスポーツ組織の特性やその運営原理を検討していきたい。わが国のスポーツ組織の中でも，本章では，選手，指導者育成という観点から，わが国のスポーツシステムの中核的な役割を果たしている大学運動部（体育会）に注目したい。大学運動部はわが国のスポーツにおいて重要な役割を果たしているにも関わらず，近年，社会的に問題となっているような不祥事を数多く誘発しており，そのマネジメントのあり方を見直していくことが求められている。具体的には，本章では，まずは，わが国大学運動部におけるその中核的な価値観である，対外試合の勝利に究極的な価値を置く，「勝利至上主義」がいかに構築され，わが国大学運動部の中核的な価値観となったのかということ，そしてこうした主義がいかに今日まで補強・強化されてきたのかを検証したい。そのうえで，近年多発している不祥事を受け，勝利至上主義を中核的な価値観とする大学運動部が抱える組織的な問題を指摘したい。

95

そして今後のスポーツ組織のあり方を考えるべく，こうした不祥事を防止するために勝利至上主義に代わる新たな価値観の構築，すなわち価値観の転換の必要性と新たな大学運動部のマネジメントのあり方を提唱したい。次章で詳しく検討するが，大学運動部のマネジメントを取り扱った研究には，村木（1995），アリソン（1996），スマート＝ウォルフェ（2000），長積他（2002），岡本（2006），二瓶・桑原（2012），小椋（2014）などがあるが，いずれの研究においても，勝利至上主義への言及・検討や，大学運動部の中核的な価値観がいかにして形成されてきたのかという経時的なプロセスの検証はなされていない。その意味において本章の研究は，大学運動部のマネジメント研究においても意義を有するものであると言えよう。

第2節　日本の学校運動部活動と「勝利至上主義」
第1項　一高野球部と早稲田大学野球部

　西洋からわが国に「スポーツ」が輸入されたのは明治時代に入ってからである。その中でも特に人気があったのは野球であり，野球は主に学校で行われ，その主たる選手は学生たちであった。ホワイティング（1989）は，日本の野球指導者たちが最初から野球を剣道などの武道と同じ，精神を磨き，自己鍛錬するための教育的道具と考えていたことを指摘している。関（2015a）なども指摘しているように，海外からの移入直後からスポーツの担い手は学校であり，明治期の学校においてスポーツは徳育的な機能を期待されたのである。早稲田大学と慶應義塾大学の両大学が台頭する前の野球の盟主であり，「一高時代」を築いた一高野球部は，部員たちは座禅を組み，毎日何百球という投げ込みや，至近距離からのピッチング，素手によるキャッチボールなどの猛練習を一年中休みなく行った（Whitting, 1989；菊, 1993）。これらは，肉体的な鍛錬のみならず，それにより精神的な修養をすることを目指しており，いわば学校教育における徳育の一環であったと言うことができる。また，野球の対外試合を一高関係者が学外に自校の校風を示す校威発揚の手段に利用したため，「負けは恥」という勝利至上主義もあいまって，一高野球部の練習はさらに過酷をきわめたことは，ホワイティング（1990）や菊（1993）も指摘している。このようにわが国におけるアマチュアスポーツの勝利至上主義とは，武士道的な精神

を源流としているのである。

　一高野球部により形成された野球の武道的な勝利至上主義は，1904 年 6 月 1 日に早稲田大学が，翌 6 月 2 日に慶應義塾大学が一高に勝利を収め，野球の盟主が一高から早稲田大学と慶應義塾大学へと変わった時期（早慶時代の突入）にさらに色濃いものとなる。1919 年に早稲田大学野球部の監督に就任した飛田稲洲は，選手たちに自分の故郷や国を愛するのと同じように自分のチームを熱愛することを求め，監督に対して絶対的な忠誠と服従を求め，不平を口に出すことを禁じた。武道における師匠と弟子の間柄と同等の関係であると言えよう。また，練習においては，半死半生の状態で動けなくなり，口から泡を吹くまで止めない一高野球部以上の猛練習の中で，その猛練習に耐える中で純粋なる魂を生み，野球を通じ真理に到達することを求めたのである（Whitting, 1989）。

　このように，輸入当時学生たちの間で行われた野球は，楽しさを追求するものではなく，武道と同じく「野球道」とでもいうべき自己鍛錬と精神修養を追求する営みであり，それゆえにその練習は過酷を極めたのである。野球のこうした自己鍛錬的，精神修養的な性格は，その担い手が学校であり，そこに教育的な意義が求められたことも影響していると言えよう。スポーツの担い手が学校であったこと，それが教育として利用されたがゆえ，わが国のスポーツは独自の発展を見せることになるのである。さらには，野球は対外試合により，母校の威信を賭け戦う要素もあったので，「負けは恥」とする武士道的な勝利至上主義の要素も加わった。そして，勝利を収めるためには，厳しい練習に耐えることが求められたのである。困難を乗り越えることによって不可能と思えることが可能となり，その経験があってこそ成功するという精神主義，いわゆる根性主義もこの時期に形成されたと言って良いであろう。（関，2015a）。このように，わが国の学校運動部活動の中核的な価値観である「勝利至上主義」を下支えしているイデオロギーである長時間・長期間の練習をベースとする「鍛錬主義」，苦難に耐え，試合に打ち勝つことを目的とする「根性主義」，選手は指導者を絶対の存在として忠誠を尽くす「封建主義」はスポーツの輸入期から存在していたのである。

　長時間の練習時間の確保は，関（2015a）も指摘しているように，寮の完備により可能となる。共同生活により，お互いの意思疎通，コミュニケ

ーションが円滑となり，勝利という目的を共有することが可能となるだけでなく，血縁以上に深く結びついた疑似家族を形成することが可能となるのである（関，2015a）。共同生活により，培われた集団凝集性の強さは，1年365日に限りなく近い長時間・長期間の練習により補強されていくのである（関，2015a）。東京五輪女子バレーで金メダルを獲得したチームの母体となった日紡貝塚女子バレー部や一高野球部なども選手たちは寮生活を行っており，全国大会レベルの高校，大学の運動部などは寮を有している部も多い。それだけでなく，関（2015a）は，共同生活は，正選手になれなかった補欠選手たちを応援，物品搬送，偵察など重要な役割を持たせながらチームを維持管理していくことを可能にしたとしている。このように，寮における選手による共同生活は，学校や職場から練習場への移動や通学・通勤時間を短縮化させ，長時間練習を可能とさせるだけでなく（関，2015a），選手のチームへの忠誠を高め，勝利至上主義という組織の中核的な価値観を選手に受け入れさせ，勝利に向けた団結，チームワークを構築することを可能とさせる役割を果たしてきたのである。

　関（2015a）は，一高野球部，飛田稲洲監督下にあった早大野球部，後述する大松監督下にあった日紡貝塚女子バレー部のチーム作りの特徴として，①共同生活（寮，学校，職場），②長時間・長期間の練習，③精神主義（根性論）の3つに求めている。この3つの特徴は，スポーツがわが国に移入された初期に形成されたものではあるが，何を目的にしているかというと，対外試合での勝利であり，練習を通じた自己修養，鍛錬である。

第2項　封建主義

　鍛錬主義と並んでわが国の大学運動部活動における勝利至上主義を支えたイデオロギーとしては「封建主義」が挙げられよう。封建主義とは，指導者―部員，先輩―後輩などのような支配従属関係のことを言う（久保，1980b）。わが国の学校運動部活動は，封建主義的な性格を有していることは，少なくない研究者によって指摘されている。先行研究では，この封建主義は，武士道的な精神，日本文化が影響を及ぼしているとする見解が多いが，その源流は明治時代のスポーツ移入期において見ることができる。わが国学校運動部の史的展開とその問題点を論じた神谷（2015）によると，社会的な要請を受け，明治期に大学運動部員によって書かれたテニス，ラ

グビー，野球などのスポーツの指導書においては，キャプテンの命令に服従すべきことや，言うことを聞かない「異分子」を排斥するといった内容が記されていたといい，わが国大学運動部の封建主義がその成立期から存在していたことを伺わせる。そして，先に指摘したように，1919 年に早稲田大学野球部監督に就任した飛田稲洲は監督に対して絶対的な忠誠と服従を求め，不平を口に出すことを禁じている（Whitting, 1989）。先に述べたように飛田は，「野球道」とでも言うべき野球のあり方を思案しており，それは武道のあり方に近いものがあり，指導者と選手との関係は，武道の師匠と弟子の関係に近いものがあった。

　川辺（1980）などは，日本文化は権威の文化であるゆえ，スポーツの現象にも権威が深く介在していると指摘している。久保（1980b）は，わが国の運動部は，対外試合での勝利に価値を置くゆえに，権力による命令―服従的結合関係を構築することにより，効率の良い勝利のための秩序を作り上げたとしている。永島（1974）は，日本の運動部活動は家長制度が支配的な社会風土と武士道に影響を受けており，武士道＝儒教的な家族制度に支配されているとし，そこでは，伝統という固定的な秩序そのものの権威とともに，絶対的，専制的な権威ないし権力の担い手としての監督や上級生が存在し，他の成員はそれに一方的に服従するという「権威と恭順の原理」が存在している（永島，1974）。永島（1974）はそこでは，自主的，自律的，自覚的な人格は否定され，権威への無条件的追随が要求されるゆえ，伝統的運動部では，個の開発とは縁の薄い，かどのとれた，没個性的な人間形成の土壌ができあがると指摘している。

　日本の学校運動部活動，とりわけ運動部活動の封建主義は，単なる命令―服従の関係ではなく，疑似家族であるとみなす研究も存在している。野崎・上村（1993）などは日本的経営研究の編成原理である「家の論理」に依拠しながら，日本のスポーツ組織では，指導者が父親的役割を果たし，子である選手を守り，その一方で，選手が父親である指導者に忠義を尽くしながら，家（チーム）の発展を目指す「家の論理」が支配していると指摘している。久保（1980a）も，運動部においては，そこにいる部員たちは学年が上がるとともにその役割が変化し，集団の維持，組織の目的達成への努力の要請，下級生の指導などの役割を果たさなければいけなくなることを指摘し，それはあたかも家主が家の存続を願う立場に似ていると指

摘している。

　上（指導者，先輩）には絶対服従の封建主義は，指導者が効率的に勝利を追求すること，すなわち勝利至上主義には都合が良い信条であったと言える。全知全能を持つ指導者が自分の思いのままに選手を鍛えたり，試合で動かすことや，試合に出ることのできない補欠部員に練習や試合とは関係のない組織の運営をサポートさせることを可能とし，彼らが自分の行うことや考えに異を唱えたり歯向かうことを抑止するためである。悪い言い方をすれば部員を操縦することを可能とするためである。また，このピラミッド型の階層的な封建主義は，大規模化した運動部組織を効率的にマネジメントしていく上でも有効なイデオロギーであったと言うことができる。指導者が全体を見渡して細かい命令を出すまでもなく，部を支配する伝統，規律が部員を指導者の思う方向へと動かしてくれるためである。

　封建主義というタテの関係が機能するのは，「伝統」と「ヨコの関係」によるところが大きい。久保（1980a）は，伝統とは，当該運動部活動の目標である「勝利のために有効な価値を持つ行動様式」（久保，1980a：13），「勝利のために有効な規範」（久保，1980a：13-14）のことであるとし，部内での振る舞いや礼儀作法だけでなく，勝利のための練習法，戦術なども含まれているとている。規範とは「集団を維持し，グループモラールを高めることによって目標達成への触媒的効果を持つもの」（久保，1980a：14）のことである。このように伝統とは，運動部の目標達成，組織の維持に必要不可欠な行動様式であるとみなされるがゆえ，部内で遵守されることが強制されてきたのである。封建主義は，学校運動部活動における中核的な伝統であり，そこに所属し，競技を行う者にはその遵守が強制されてきたのである。封建主義は伝統という当該運動部を支配するルールによって支えらえてきたのである。

　「ヨコの関係」とは，「学年」により作られる仲間，同期のことである。山本（2010）は，ヨコの人間関係とは，タテの人間関係をより強固にするためにも必要であると指摘している。運動部では，下級生がその役割の遂行にミスがあった場合は，連帯責任という形で罰が与えられることが多いが，山本（2010）は，学年全体で責任を分担する行為はその集団の連帯意識を強化するための行為であると指摘している。運動部の下級生はヨコの繋がりの中で，部内における苦難を乗り越えていく中で，同期に対する「わ

れわれ意識」すなわち，仲間意識を有するようになり，集団への帰属意識を見出していくのである。こうした強固な連帯意識で形成されたヨコの人間関係は，上級生などからの運動部内の規律や規範の強制，理不尽とも思えるような要求に耐える防衛手段としても機能している（山本，2010）。山本（2010）の指摘を踏まえるならば，運動部活動内において厳しいタテの人間関係を機能させるために，それに耐えうる強固なヨコの人間関係を構築する必要があったものとも考えられる。繰り返しになるが，こうしたヨコの人間関係は，厳しい練習などの苦難を乗り越えるだけでなく，寮における共同生活によってさらに強いものとなっていくのである。

　以上のようにタテの人間関係を基盤とするわが国学校運動部における基本的な運営思想でもある封建主義は，部において遵守すべき規律である伝統に支えられ，ヨコの人間関係の存在により補強され，わが国学校運動部の勝利至上主義を支える主要なイデオロギーとして今日まで存続し続けているのである。

第3項　勝利至上主義の強化—大松博文と「東洋の魔女」—

　関（2015a）は，鍛錬主義，根性主義に基づく一高，飛田稲洲監督下にあった早大野球部の勝利至上主義的な指導方法が優れたマネジメント方法であることを，「東洋の魔女」と呼ばれた日紡貝塚チームを率いた東京五輪時の女子バレー監督であり，日紡貝塚バレー部の監督であった大松博文が全国に示したと論じている。大松が率いた全日本の女子バレーチームのレギュラー選手は彼が普段指導する日紡貝塚の選手たちであった。1954年に社内にあるバレーボールチームを統合し，誕生した日紡貝塚は，その翌年の1955年には全日本女子総合選手権で優勝し，翌年の1957年には女子バレーボール4大タイトル中3タイトルを獲得している（新，2004）。女子バレーや同じく東京五輪で活躍したレスリングなどに見られるこうした全日本チームの国際大会における成功例は，アマチュアスポーツ組織における勝利至上主義を補強する役割を果たすことになる。以下，簡潔に大松によるチームマネジメントについて検討したい[1]。

　大松の指導を一言で表わすならば，長時間・長期間のハードトレーニングである。日紡貝塚では通常の業務が終了した16時から深夜に及ぶ1日8時間の猛練習が1年365日休みなしで行われた（大松，1964）。なぜハ

ードトレーニングを行わなければならなかったのか。その理由を大松は，日本人と欧米人の体格差にハンデがあり，国際大会で勝利を収めるためには，それを克服する必要があったためであるとしている（大松，1963）。それだけでなく，日本のバレーボールチームはソ連などの海外のチームとは違い，競技に専念できる環境はなく，企業スポーツとして，業務を終えてから行わなければならない。ソ連などの強豪チームに国際試合で勝利を収めるためには，彼らよりも長く厳しい練習をする必要があると大松は考えたのである（大松，1963：新，2013）。長時間・長期間の猛練習の中で選手たちは，個々の技能とチームワークを向上させ，どんな難球でも処理できる能力を身に着けたのである。

　また，新（2013）などは，大松は，選手の女性性を否定し，生理などの際にも練習を休ませなかったことを指摘し，スポーツをする上で不利となる女性的身体を保護するものではなく，克服するものとして位置づけたことを論じている。生理だけではなく，怪我，病気も同様で，骨にヒビが入った状態や全治1か月と医師に診断された際も大松はそれにより練習を休ませることはさせず，そういう状態の選手にも猛練習を課した（大松，1963）。以下，怪我や病気で練習をなぜ休ませなかったのか，大松の言葉を引用したい。「ケガを恐れるより，ケガになれてしまえ。練習で鍛えあげて，からだを慣らし，ケガをしても，それに耐えられるように，なお練習をかさねるのだ」（大松，1963：57）。また，大松は選手の生理についても以下のように述べている。「わたしには選手がそのときだと，すぐにわかります。練習でかく汗も，みんなのとはちがって，あぶら汗をかいています。それでもかまわず，一年，二年と練習の日を重ねていくうちに，おなかが痛いことは痛くても，練習は同じようにやれるからだに，変わってしまう」（大松，1964：115）。

　長期間・長期間の猛練習は，一高野球部，早大野球部により構築された求道的な側面も存在する。大松は，技能を向上させ，試合で勝利を収めるためには，一日の休み（怠り）もなく猛練習をすることが最善の手段であると信じており，一日の休みはそれだけ技能を後退させると信じていたのである（大松，1963）。こうした猛練習は，試合中の「迷い」を払拭する効果もあると大松は指摘している（大松，1974）。大松（1974）は，迷いとは，練習の不足，不徹底から来ることが多いと指摘している。

そして大松（1963）は，試合で勝利を収めるためには，こうした長時間・長期間の猛練習と並行し，絶対に勝つという信念，つまりどのような困難にもめげない精神力が必要であると指摘している。それこそが体力の限界を超えるハードトレーニングに耐え，敵に勝る技術力を身に着けることを可能にするのである（大松，1963）。

　こうした「なせばなる」という精神は，第二次世界大戦中の日本軍従軍時代に培われたものであると大松本人は述べている。大松は，日本軍時代にインパール作戦に参加しており，数少ない生還者でもあった。大松はその体験の中で，信じたことに邁進して動じない図太さ，いかなる肉体的困難も精神力によって克服できるという信念を得たと述べている（大松，1963）。

　岡部は，「大松イズム」とは何なのかという問いに対して，大松の人生経験をもとに編み上げられたものであり，選手との心の交流による信頼関係が形成されたうえで，指導方法や技術，戦術に対して目的合理性および創造性を動員し，ハードトレーニングという自己鍛錬の重要性を説く大松の指導哲学・信念であったとし，それは，バレーボールというスポーツの実践を通じた自己形成論として捉えられ「為せば成る」という言葉に集約されると回答している。さらに補足すると，岡部は，大松イズムは，敗戦による挫折・喪失の危機から再建・復興を果たした高度経済成長期の時代精神・社会通念と共振しながら，成功するための原則として拡大解釈されていったとしている（岡部，2018）。

　このように，大松は長時間・長期間のハードトレーニングにより，選手たちの技能と精神性を向上させ，「アマチュアであること」，「日本人であること」，「女性であること」というハンデを乗り越えさせようとしたのであり，大松の指導の下，長時間・長期間の猛練習を積み重ねた日紡貝塚の選手たちは，大松が考案した「回転レシーブ」やネットを超えると急に落ちるように見える「木の葉落とし」などの新技を会得し，抜群のチームワークで，体格に劣るソ連を破り，東京五輪で金メダルを取得し，「東洋の魔女」の名を全世界に轟かせたのである。この，大松の成功は，八田一朗監督下にあった東京五輪レスリング全日本チームの成功とともに全国のアマチュアスポーツの指導者に，自らが実践してきた長時間・長期間の猛練習と根性主義をベースとする勝利至上主義を信条とするスポーツ指導

が正しい指導であるとして，自らを肯定する強力な推進力となったことは間違いなく，これは大学スポーツも例外ではない。

　最後に，大松はただ長時間・長期間の練習さえしていれば選手の技能が向上し試合に勝利できると確信していたわけではないことを付記しておく。大松は，ひとつの動きを選手に習得させる際にもあらゆる場面を想定し，選手に対処できるようにさせたこと（大松，1963），東京五輪に向けた練習では，ライバルであるソ連のチーム力を分析したうえで，レシーブ力，攻撃力，サーブ力でそれぞれ上回るためにどのような能力を高め，また身に着け，どのような練習をしなければいけないのかを考えたうえで，選手たちにハードトレーニングを行わせていた（大松，1964）。また，大松と同じくハードトレーニングを信条とする指導者であった東京五輪のレスリング全日本代表監督であった八田一朗などは，根性論のみのハードトレーニングを「竹やり根性」と批判し，ハードトレーニングはできないことをやらせるのではなく，できない場合は，どこが悪いのか，できない原因はなにかということを探して技能的にそれができるようにすることであると論じている（八田，1979）。大松，八田いずれも，指導者が選手を率いるためには，自らが率先して行動し選手たちに範を示すこと（八田，1979），選手以上に自分が苦しむこと（大松，1963，1964）が必要であると論じている。

第4項　東京五輪以降の大学運動部のマネジメント

　東京五輪での女子バレーの金メダル取得により強化されたわが国におけるアマチュアスポーツ組織の勝利至上主義は，その直後に，さらに強化されることになる。1960年代の大学紛争以降，従来型のスポーツ強化路線を維持できなくなった早稲田大学や慶應義塾大学，明治大学などの従来のスポーツ名門校[2]に代わり，力を伸ばしてきたスポーツ新興校と体育大学の存在である。小椋他（2014）はこれらの新興校として，大東文化大学，駒澤大学，亜細亜大学，神奈川大学，龍谷大学，大阪商業大学，大阪産業大学，神戸学院大学を挙げている。これらの新興校では，質的にも量的にも早稲田大学や慶應義塾大学などのスポーツ伝統校を上回るスポーツ推薦制度により，入学が確約された入試と，形式的な学業との両立，安易な進級，卒業などにより，多くの有望な運動選手を学生として獲得した（小

椋他，2014）。その結果，これら新興校では，その競技成績を伸ばし，大学の知名度とブランドを飛躍的に高め，多くの受験生と入学生を確保し，有名大学の仲間入りを実現したのである。

　またこの時期に体育系大学においても，大学政策の重点を教員養成から競技者養成へとシフトさせている。国民体育大会に選手や指導者として出場する要員に体育教師枠が利用されており，体育教員になるためには，競技で実績をあげることが近道であったためである（小椋他，2014）。

　上記の新興校では，大学の経営戦略，すなわち大学の知名度を高め，ブランドイメージを向上させ，受験生を増やすための手段としてスポーツを活用したと言うことができる。そこで重要なことは，インカレや五輪などの国際大会で優秀な成果を収めること，すなわち勝利を収めることである。大学当局は運動部やその部員に対し，大会で勝利を収め，大学の知名度とブランドイメージを向上させることをもっぱら期待し，スポーツ推薦枠を拡大させ，優秀な高校生アスリートを学生として獲得し，潤沢な予算枠を与え続けたのである。新興校の側において，運動部が潤沢な予算を獲得し，優秀な選手を獲得し，部が継続的に繁栄し続けるためには，対外試合で優秀な成績を収めることがきわめて重要になってくる。こうして大学当局の経営戦略とあいまって，運動部もその存続・成長のため，必然的にその究極的な価値としての勝利至上主義を強化し，勝利至上主義が運動部を支配する価値観として君臨し続けることになるのである。

　早稲田大学にスポーツ科学部が開設され，日本で初めて大学名に「スポーツ」を冠したびわこ成蹊スポーツ大学が開学した2003年以降，全国の大学においてスポーツ系学部，学科，コースを設置する大学が増えている。2003年以降，大学の経営戦略としてのスポーツの活用はさらに促進されていくことになる。そうした状況の中で二つの流れがある。一つの流れは，早稲田大学，立命館大学，同志社大学，法政大学，立教大学，日本大学などの名門大学，大手大学におけるスポーツ系学部・学科の開設である。スポーツ系学部を開設することにより，スポーツ競技の実績が正課の学習同様に評価され，大量の高校生アスリートを学生として入学させることが可能になったのである（小椋他，2014）。

　もう一つの流れは，地方私立大学や新興私立大学におけるスポーツ系学部，学科，コースの開設である。これらの大学では，運動部に所属してい

る高校生に対し，入学をさせるモチベーションを高めるために，彼らが比較的抵抗なく学ぶことが可能なスポーツ系のコースや学科などを用意し，彼らを入学させている（松岡他，2010）。こうした地方私立大学，新興私立大学においては，運動部の学生は大学の広告塔であると同時に定員を確保するための重要な学生でもある。とりわけ 100 名単位で部員を獲得できる硬式野球やサッカーなどの屋外球技系の運動部は，地方私立大学，新興大学における中核的な存在として認識され，実績のある指導者を獲得した上で，その積極的なリクルーティングが推し進められている。岐阜県大垣市にある岐阜経済大学（現岐阜協立大学）では，2006 年に新設した経営学部スポーツ経営学科の入学定員を超えた入学希望者に多さに対応するため定員数を 2007 年度の学生募集では，70 名から 150 名に増員している（文部科学省ホームページ「大垣総合学園の沿革」参照）。このようにスポーツは，大学経営において課外活動のみではなく，学生募集戦略においても重要な位置づけを占めるようになってきているのである（大野・徳山，2015）。

　大手大学，地方私立大学いずれにも言えることであるが，運動部の対外試合での活躍は，そのブランドイメージや知名度を向上させる重要な手段である。そしてやはりそこで大学当局が求めることは対外試合の勝利であり，運動部が大学当局から潤沢な予算と十分なスポーツ推薦枠を獲得し，存続・成長するためには勝利を収め続けなければならない。その意味では，大学運動部における勝利至上主義は，スポーツ系学部，学科，コースが乱立し，少子化が進行し，大学生存競争に突入している今日は一番苛烈をきわめているとも言うことができよう。

第 5 項　議論のまとめ

　以上，本章では，大学運動部における中核的な価値観である勝利至上主義がいかに形成・強化されたのかをアマチュアスポーツを含めた広い視角から検討を試みた。そこにおいては，西洋からスポーツが輸入された明治期において，一高，早稲田大学野球部などにより，すでにその原型が形成されたことが確認された。そこでは「負けは恥（死）」，師弟の間柄を重んじる武士道的な精神などがベースとされていること，スポーツの主たる担い手が学校であったこともあり，徳育的な役割も期待され，肉体鍛練的な

側面のみならず精神修養的な側面が重視されたこともまた確認された。こうした武士道的な勝利至上主義は，戦後，東京五輪における女子バレー，レスリングなど勝利至上主義的なハードトレーニング（鍛錬主義），根性主義，指導者を絶対の存在とする封建主義を信条とする全日本チームの成功（金メダルの獲得）により，肯定，強化され，1960年代以降は，大学の経営戦略の観点から，スポーツが利用され，補強・強化され，今日まで存続し，大学運動部における主要な価値観であり続けていることが分かった。

　次節では，こうした大学運動部における中核的な価値観である勝利至上主義が大学運動部や運動部員にももたらす弊害を検討していきたい。

第3節　「勝利至上主義」からみたわが国大学運動部の組織としての問題点

　本章では，近年多発している大学運動部員による不祥事がなぜ生じるのかという視点からわが国の大学運動部の組織的な問題を検討し，大学運動部の中核的な価値観である勝利至上主義の行き詰まり，限界を指摘したい。

　まず，第一の問題点は大学運動部自体が，競技における勝利を追求することに専念する組織であり，内向きな組織であることが挙げられる。すなわち，大学運動部においては，試合に勝つための練習，部内でのコミュニケーションに専念するあまり，十分な部外，社会との接点を有していないということである。この内向き的・隔離的な傾向は寮生活などによる部員同士の共同生活や長時間・長期間の練習により，四六時中行動を共にすることにより強められている。岡本（2006）は，大学の運動部は大学当局の統制を離れた自立的な運営がなされており，クラブの構成員の自助努力によって活動が支えられてきたとし，現役部員の努力で限界のある部分は，OB・OG会が資金的に援助したり，OBが監督・コーチをほぼ無償で務めるなどの形で支えられ，この自助努力が運動部の自立・自治の基盤になってきたとしている。しかしながら，岡本（2006）は自立・自治を支えるこの「自助努力」は，運動部を内向きの組織にし，内部の者同士の精神的な結びつきを強固なものとする一方で，外部の者への無関心やクラブ間の交流・関係を築くことの阻害要因ともなってきたと指摘している。岡本の指摘からも，大学運動部が社会や大学当局から切り離された存在であり，そ

こから隔離された独自の価値観，文化，すなわち外部から隔離された常識感覚が形成・再生産されていることが分かる。近年多発している大学運動部による不祥事は，運動部員たちが外部社会とは隔離された環境に置かれ，部の文化に過剰に適応している部分によるところも大きいであろう。

　二点目は，封建主義である。「伝統」の名の下に維持されている運動部における封建主義は，指導者が部員を自分の指導に従わせ，効率的に勝利を追求する上で合理的なイデオロギーであることは先述のとおりである。しかしながら，それと同時に封建主義は，部内における権力の集中を生む制度であると言える。集中化した権力を指導者や上位学年の部員たち権力者が，適切に行使できれば良いが，近年の運動部で生じた不祥事，大学運動部に因習として残る理不尽なしごきの存在などを見る限り必ずしもそうはなっていない。封建主義は，自分の言うことを聞かなかった部員，自分の気に入らない部員，規律を破った部員などを「後輩教育の一環」として懲らしめるため，あるいは自らの指導どおりに練習や試合で成果を上げられなかった部員に行使されている側面がある。

　先に述べたように運動部における封建制は，「ヨコの人間関係」によって補強される側面もある。「タテの人間関係」だけでなく，ヨコの人間関係も運動部員による不祥事を誘発する側面がある。「ヨコ」とは学年が同じ者同士（同期）の繋がりのことである。山本（2010）は，運動部における問題はタテの関係だけではなく，ヨコの関係においても生じるとしている。山本（2010）は，2004 年に起きた国士舘大学サッカー部による集団強姦事件と 2006 年に起きた日本体育大学サッカー部の集団キセル事件を例に挙げ，運動部という集団による「負の連帯」が犯罪行為に対する善悪の判断を逸し，非倫理的行動に走らせたと指摘している。ヨコの人間関係は，「赤信号皆で渡れば怖くない」のような負の連帯として機能する危険性があるということである。こうした負の連帯は上述の社会との乖離により促進されていく。

　また封建主義は，久保（1980a），長積他（2002）なども指摘しているように，組織の中において自分で考えて動いていく主体性を奪う危険性もある。自分の思考や判断よりも部の規律・伝統と指導者，上位学年の部員の意向が尊重されるのである。こうした大学運動部員の脱思考的な性向は，彼らの練習や試合への態度にも影響し，後述するように彼らがアスリート

として成長することを阻む危険性がある。またそうした脱思考的な習慣は卒業後，「上」からの「指示待ち」人間となり，彼らの社会人としての成長を阻んでいく危険性も大きい。

　三点目は，根性主義，精神主義である。厳しい練習によりできないことをできるようにしていく，すなわち「不可能を可能に」していくという思想である。その境地に至るためには当然のことながら練習は過酷をきわめる。そうした練習の中で，できないものをやらせるため指導が行き過ぎ，指導者や上級生による「しごき」や，時に体罰が生じたとしても，しごきや体罰を行った側（指導者や先輩）もそれを受けた側（主に下級生）も勝利を目指すための必要悪（しかたないもの）としてそれを肯定してしまう側面がある。そうしてしごきや体罰を受けた下級生は，上級生になったときに「しかたないもの」として下級生にそれを行うというように，部内でしごきや体罰が「勝つためにしかたないもの」として無反省的に繰り返されていくのである。死亡者を出した 1965 年の東京農業大学のワンダーフォーゲル部のしごき死事件などはその端的な事例と言えよう。事件の起きた合宿において被害者の 1 年生は，30 キロの荷物を背負っての連日の登山により肉体的に疲弊していた上に，上級生から棍棒で殴られ，登山靴で蹴られていた（複数の報道資料を参照）。

　以上，近年多発する大学運動部員による不祥事の視点から大学運動部の組織的な問題点を検討したが，内向き主義を強化する長時間・長期間練習，選手同士の共同生活，そして封建主義，根性主義は個々独立したものではなく，これらはすべて勝利至上主義の構成要素であったことは前章で検討した通りである。大学運動部における勝利至上主義的な価値観は対外試合における勝利を目指す上では有効なイデオロギーであり，それは確かに，数多くの優秀なアスリートを生み出し，わが国のスポーツの高度化に貢献したものと言うことができる。しかしながら，それと同時に大学運動部，そしてそこに所属する運動部員と社会との隔離を生み，大学運動部内に独自の文化を形成・再生産させ，それを「社会的でない」組織にしてしまった結果，今日多くの大学運動部員による不祥事を誘発してしまったとも指摘することができよう[3]。

　大学運動部が隔離されているのは大学外の一般社会だけではない。彼らが所属する大学内においても同様である。大学運動部員による不祥事は，

大学における教職員や一般学生と大学運動部の間の断絶を生み出し，それを深淵なものにしていく。それだけでなく，運動部員の形式的なスポーツ推薦入試，不透明な単位取得（講義に出ないでも単位を取得することができてしまう）・就職斡旋などは，一般学生には「不平等なもの」と映り，大学運動部員による不祥事と同様に一般学生と運動部員の断絶を深淵なものとしていくのである。すなわち，大学運動部は自らが所属する大学コミュニティに位置づけらなくなっている危険性があるのである。大学運動部は大学における経営戦略の重要な構成要素として位置づけられ，多様な優遇措置を与えられながら，一般の教職員や学生とは距離が生まれ，彼らに関心を持たれず，応援されない存在となり，在学生がオリンピックなどでメダルを取得した時以外は，大学コミュニティからは程遠い位置に置かれているのが大学運動部の現状であると言えよう。

　大学がその経営戦略として運動部を活用し，今後多くの受験生を獲得していくためには，対外試合で勝利を収めるだけでなく，運動部のイメージ（ブランドイメージ）が良いものでなければならない。それだけでなく，大学運動部には，学生の結束力を強めたり，愛校心を醸成させる期待もある。そうして考えていくと，今までのような勝利至上主義的な「競技成績だけ良ければ良い」という考えでは，その運動部自体が，ブランドイメージの良いものにはなりえず，大学の経営戦略への貢献性の低い存在となり，今後，大学当局からは支援を打ち切られることすらあり得る。その意味では，大学運動部が今後も有望な高校生アスリートを継続的に獲得し，安定的な活動のための予算を獲得していくためには，競技成績だけでなく，自らの社会的イメージと，学内の一般教職員や学生のイメージが良い存在となる必要があると言える。すなわち，自らを大学コミュニティへと位置づけていくことが求められる（小椋他，2014；大野，2016）。以上を踏まえると，大学運動部における中核的な価値観である勝利至上主義は行き詰まり，限界を見せていると言うことができよう。

第4節 「勝利至上主義」の緩和策の検討—今後の大学運動部のマネジメントへの示唆—

　このように，今日，多様な問題を孕んでいる大学運動部であるが，今後そうした問題の回避のためにどのようなマネジメントが求められるのか

を本章で考えてみたいと思う。

　第一に求められるのは，運動部自らを大学コミュニティから隔離されたものではなく，その内部へと位置づけていくことである。先に述べたように，大学運動部は，対外試合で優秀な成績を収めるだけでなく，大学内外に良いイメージを抱かれてはじめて「広告塔」として機能することで，大学当局もそうした部に価値を認め，スポーツ推薦枠を与え，活動予算を提供する。その意味では，大学運動部は，自らの存続・成長のため学内の教職員，一般学生という内部ステークホルダーから敬遠される存在ではなく，応援される存在にならなければならないということである。運動部員がそうした学生生活を送り，初めて一般学生も運動部の学生を自分たちと同じ大学の学生であると認識し，仲間として応援するようになるのである[4]。そうした状態になることが運動部を大学コミュニティへと位置づけていくことを可能にするのである。その意味では，大学運動部においては，対外試合で勝利を収めるため，優秀な選手を生み出すことだけでなく，講義や演習，実習などの学生生活の中で，（ただ当たり障りなく学生生活を送るのではなく）教職員や一般学生から一目置かれるような学生を多く生み出し，応援される存在となる努力をすることが求められるのである。すなわち，今後の大学運動部には，自らの存続・成長のため，優秀な競技者を育てていく「競技者の論理」と，一般学生たちと講義に参加し，学生生活を送り，就職活動をし，良い卒業論文を書いて卒業していく「学生の論理」のふたつの論理を調和させていくことが求められるのである（大野, 2016）[5]。勝利至上主義の否定ではなく，「プロスポーツ」ではなく，「学生スポーツ」であることの本分に立ち返り，従来は疎かにされがちであった学業への重視もまた重要になってくる。すなわち，今後の大学運動部のマネジメントにおいては，試合での勝利と学業への重視の調和を図っていくことが今後の大学運動部には必要になっているということである。そして，こうした文武両道への試みは，二点目の指摘と関連するが，運動部員を部外の学生や教職員との関わりを増やし，「内向き」主義から脱し，部外の価値観を学習する機会を与えることにも繋がる。

　また，従来は，運動部の「文武両道」については積極的に関与してこなかった大学当局にも変化があらわれている。立命館大学では，1998 年に「スポーツ能力に優れた者の特別入学試験」制度を導入し，従来の競技種

目ごとの枠を撤廃し，純粋な競技能力と学力で入学の評価をすることにより各部関係者に対し，入学試験を突破できるような運動能力と学業，共に優れた高校生のリクルーティングへの努力をさせることにより，有望な学生の獲得に努めている（種子田，2006；立命館大学，2020）。立命館大学では「学業ガイドライン」を設定することにより，公式戦出場の基準を明確化し，修得単位数が基準を下回る学生には，学業に専念させる措置を取っている（種子田，2006）。また，早稲田大学においても修学・キャリア支援プログラム WAP（早稲田アスリートプログラム）を 2014 年 4 月より開始させ，競技スポーツへの参加基準を設けるなど多岐にわたり学生アスリートのサポートを実施している（早稲田大学競技スポーツセンター，2016）。立命館大学や早稲田大学の取り組みなどを鑑みると，大学運動部における「競技者の論理」と「学生の論理」を調和させていくためには，当該運動部のみの努力ではなく，大学当局の協力も求められるということである。

　二点目に求められるのは，社会との接点の確保である。わが国の大学運動部は勝利を追求する上で効率的な組織運営，組織文化を有してはいたが，その反面で，社会との断絶を生み，それを促進させることに繋がり，ある種，社会的な感覚を持った組織とはならず，そこに存在する運動部員も十分な社会性を養うことができず，それらは昨今の運動部員による不祥事の原因となったことは先述の通りである。その意味では，今後の大学運動部運営においては，外部社会との接点を確保することが求められるであろう。

　近年は，早稲田大学によるワセダクラブや，福島大学による福島スポーツユニオン，岐阜協立大学によるアスリート育成クラブなどのように大学が総合型地域スポーツクラブを設立し，大学の運動部の指導者や運動部員を指導スタッフ，運営スタッフとしてコミットさせていこうという動きが出ている。こうした大学によるスポーツクラブの運営は，運動部の活動のための自主財源の獲得を可能とする（岡本，2006）。また，社会との接点が薄くなりがちな運動部員に対し，社会との接点の確保やボランティアによる学習の機会を提供することが可能となる（岡本，2006）。一例を挙げると，岐阜県大垣市に位置する岐阜協立大学においては「アスリート育成クラブ」という総合型地域スポーツクラブを運営している。そこでは駅伝部，陸上競技部，サッカー部の中高の保健体育教員志望，スポーツ指導者

志望の学生たちが将来の勉強を兼ね指導を行っている。近年のこうした流れを受け，岡本（2006）は大学によるスポーツクラブの運営は，それを手伝う学生たちに過負担となり，競技や学業への妨げとなる危険性を挙げている。岐阜経済大学のアスリート育成クラブのように学生の希望進路を把握したうえで，クラブ業務をマッチングさせることは，岡本の危惧する学生の過負担を回避する有効な方策となりえよう。スポーツクラブのような組織化した活動ではなくとも，近年は社会貢献活動として地域の小学生，中学生などにスポーツの指導を行う機会などを設けている大学運動部もある。そうした活動が継続化することは，大学運動部員と外部社会の接点を生むうえで有効な活動と言える。

　また岐阜協立大学経営学部スポーツ経営学科においては，専門科目「スポーツボランティア」を１年次の履修必修科目（学生が履修登録をしないでも自動的に登録される科目）としており，ＪリーグクラブのFC岐阜や大垣市体育連盟の試合やイベントの手伝い，あるいは学生たちの出身中学，高校の部活動の指導など，一定時間ボランティアに従事することを求めている。こうした活動もまた同様に，運動部員と社会との接点を作るうえでは有益な取り組みであると言えよう（岐阜協立大学ホームページ「シラバス」参照）。

　最後に求められるのは，封建主義の見直しである。「伝統」に依拠し，上の者が下のものを従わせていく封建主義は，対外試合での勝利を追求するのに効率的なイデオロギーとして機能してきた。しかしながら，その封建主義が今日，様々な問題を引き起こす要因となっていることは先述した通りである。大学運動部においては，指導者や上位学年の学生など「上」に権限が集中しており，下位学年の学生はただ命令に従うのみである。当然のことながら，そうした生活においては，自ら「考える」習慣は根付かない。重要なのは指導者や上級生からの命令であり，自身も上級生となった場合は，伝統や「先輩たちがしてきたこと」が判断の拠り所となり，自身で考え，行動をしていくということは難しい。しかしながら，それは下級生時代に培われることがなかった習慣であり仕方ないものと言える。長積他（2002）は，こうした大学運動部員の組織依存的な性向の原因を大学入学以前に求めており，中学，高校で染みついた部活動というスタイルが自ら考えることよりもむしろ，監督やコーチから指示されたことを忠実に

守り，こなすことで，クラブの中での自分の位置づけや身の置き方を身に着けてきたため，わが国の大学運動部員は，そのスポーツ活動の中で自立と自律の精神が本質的に養われてこなかったと指摘している。

　東京五輪のレスリング全日本チームの監督であった八田一朗なども指摘しているように，アスリートとしての技能を向上させ，対外試合で成果を上げていくため，すなわち勝利を追求していくためには，「頭を鍛える」こと，すなわち自分の頭でものごとを考えていく習慣づけをすることも重要となる（八田，1979）。こうした競技の技能向上における普段の練習における創意工夫の重要性は，筆者が指摘するまでもなく，国際試合で成果を収めている古今東西の数多くのアスリートによって指摘されていることである。また，先述のように，運動部を大学コミュニティへと位置づけ，そのブランドイメージを向上させていくためには，従来型の「競技さえしていればそれで良い」という価値観から脱し，アスリートとしての技能を向上させ対外試合での勝利を収めることを追求する「競技者の論理」だけでなく，社会人予備軍として大学における講義や演習，実習などの中で教職員や学生との関わりの中で人間として成長していく「学生の論理」も追求していかねばならない。近年，練習内容や試合に出場するメンバーを部員の話し合いで決定させるなどの「ボトムアップ型」の指導により，広島観音高校を全国高等学校総合体育大会サッカー競技大会で優勝へと導いた畑喜美夫の指導や[6]，運動部活動の教育的な意義を見つめなおし，部員たちの話し合いによる「自治」を重視し，その中で，部員たちの自主性や主体性を引き出し，ひいてはスポーツへのモチベーションを高めていく必要性を論じている神谷（2015）の議論などは，旧来のわが国大学運動部における中核的な価値観である勝利至上主義とその編成原理である封建主義と根性主義を見直していく上で有益な指摘であると言えよう[7]。

　こうした考えは，大学運動部が自ら培ってきた文化や，行動や価値観の拠り所としてきた伝統を自ら否定することに繋がると言える。しかしながら，今日，大学運動部を取り巻く環境は大きく変化しており，試合に勝てさえすればそれで良いという風潮は薄れ，大学当局，一般教職員や学生，社会から文武両道が求められるようになっていること，また，大学運動部が，オリンピックなどの国際試合に多くの選手を輩出している事実を踏まえるならば，「指示待ち」型ではなく，自らの頭で考え，創意工夫し，そ

の技能を高めていける人材を輩出する必要があると言える。その意味では，畑（2013）や神谷（2015）の提唱するような下級生の段階から，部の練習方法や部の運営などについて「考え」，「話し合う」機会を作り，部のマネジメントへの参画の機会を提供することは，彼らに自分の頭で考える習慣づけを与えることに繋がると言え，「競技者の論理」と「学生の論理」との調和を実現する上で，その意義は大きいと言えよう。

第5節　小括

　以上，本章では，わが国大学運動部における中核的な価値観である勝利至上主義がいかに形成・強化されてきたのかという歴史的なプロセスと，それが今日抱える問題点と，その改善策について検討してきた。対外試合での勝利を目指す「勝利至上主義」については，大学運動部が国際試合に出場する選手の供給源になっていることや，大学当局がブランドイメージを向上させ，多くの受験生を集めるための戦略として位置づけられている現状を考えるならば，完全にそこから脱することは難しいが，今日，大学当局やJOCや競技団体が求める選手像も変わりつつあり，その意味では，旧来型の「勝利至上主義」，すなわち「競技者の論理」のみならず，自分の頭で創意工夫できる豊かな知力を持つ人材，すなわち「学生の論理」にも重点を置いた人材を育成していくことと，そのためのマネジメントを実践していくことが求められるのである。

　本章において，スポーツ経営学，体育経営管理学における先行研究で十分に究明されてこなかったわが国のスポーツシステムの中核的な役割を果たす大学運動部の価値観である勝利至上主義の形成・強化のプロセスと，それに基づく問題点を明らかにし，その緩和策を提示することができた。その部分に先行研究への貢献が認められよう。しかしながら，本章では，この両者の調和の取れた人材を育成するための具体的なマネジメントのあり方までは踏み込むことができなかった。また，大学運動部員の人間的な成長における大学正課教育の重要性を指摘したが，大学における正課教育と課外活動の具体的な連携のあり方も提示するまでには至らなかった。この二点に取り組むことを今後の研究課題としたい。

注

[1] 大松博文のスポーツ観，指導観については岡部（2018）が詳細に論じている。

[2] 大学紛争当時，多くの大学では校舎の封鎖やバリケードが構築されたが，運動部の学生たちがこれらのバリケード破壊とスト破りに加わり，大学当局の用心棒的な役割を果たした（小椋他，2014）。小椋他（2014）はこれにより，大学運動部は右翼的，封建的組織の代名詞となり，学生と社会からの支持を失い，スポーツ特待生の推薦入学や奨学金などの運動部学生が有していた特権的な制度を維持できなくなったと指摘している。

[3] 大野・徳山（2015）は，スポーツ組織は，外的世界とは隔離されており，そこの構成員は自らの価値観を照応させる機会は少なく，その結果，組織やそこにいる構成員も内向きになりグループシンクに陥りやすいと論じている。

[4] 岐阜経済大学（現岐阜協立大学）駅伝部監督・同経済学部専任講師揖斐祐治氏へのヒアリング（2016年5月20日実施）。

[5] 「文武両道」の必要性は，東京五輪の全日本レスリングチーム監督の八田一朗なども論じている。八田は，競技の技能向上，勝利を収めるため，社会における生存競争で生きていく上でも「頭の良さ」が必要となると論じている（八田，1979）。

[6] 畑喜美夫のボトムアップ型の指導の詳細は，畑（2013）が詳しい。関（2015a）も畑が提唱・実践するボトムアップ型の指導法は，わが国の学校運動部活動における勝利至上主義を緩和させる可能性を秘めていると論じている。

[7] 田幡・榊（2014）などは，自発的，自立的に問題解決に取り組んでいる宮城教育大学硬式野球部の事例を紹介している。当該クラブでは，ミーティングを組織化したり，省察のためのプレゼンテーション大会などを行い，問題解決に自発的に取り組むための活動を行っている。宮城教育大学硬式野球部は，当該論文が執筆された当時は，部員による自治に主眼を置いた運動部活動論を展開している保健体育講座准教授（当時。2019年4月に関西大学人間健康学部に転任）の神谷拓が顧問を務めており，田幡・榊（2014）には部の運営に当たり，神谷の助言が存在したことが記載されている。神谷の宮城教育大学の着任は2011年4月であり，当該クラブがそうした活動に取り組んでからはまだ日が浅かったことが推察されるが，今後の活動の展開・発展は注目に値しよう。

第5章 わが国大学運動部組織におけるマネジメントの検討—クリス・アージリスの所説から—[1]

第1節 問題意識と本書の課題

　わが国の大学運動部は，プロスポーツ組織や実業団スポーツへ選手の供給源としての役割を果たしており，わが国のスポーツシステムにおいて重要な役割を担っている。それだけでなく，教員養成系，体育系大学は，中学や高校において指導者として運動部活動の現場で指導に当たる教員を養成する役割を果たしている。その意味では，大学運動部が，わが国のスポーツにおける高度化と大衆化になしうる貢献は大きく，スポーツシステムの根幹をなす存在であると言うことができる。2020 年の東京五輪に向け，その役割はますます強まるものと推察される。2017 年 3 月には文部科学省を中心に，『大学スポーツの振興に関する検討会議最終とりまとめ』がとりまとめられ，そこでは，大学スポーツの振興に向けた具体的なアクションプランが記されている。そこでは，大学トップ層の理解の醸成，大学内のスポーツマネジメント人材の育成と部局の設立，大学スポーツ振興のための資金力の向上，スポーツ教育・研究の充実と，小中学校，高校への学生の派遣，学生アスリートのデュアルキャリアの支援，スポーツボランティアの育成，大学のスポーツ資源を活用した地域貢献・地域活性化が謳われ，さらには学生スポーツの統括団体である日本版 NCAA（National Collegiate Athletic Association）のあり方についての記述もなされており（文部科学省, 2017），このとりまとめを受け，2019 年 3 月には，日本版 NCAA に相当する一般社団法人大学スポーツ協会（UNIVAS）が設立された。

　こうした環境整備を受け，当事者である大学運動部自身も，社会の流れに合わせ，そのマネジメントのあり方を整備していくことが求められる。とりわけ大学運動部においては，古くから今日までその閉鎖性や封建制の下で運営がなされてきた存在であることが指摘されており（永島, 1974；川辺, 1980；久保, 1980a, 1980b；野崎・上村, 1993；岡本, 2006；山本, 2010；大野・徳山, 2015；大野, 2017 など），集団キセル，女性への性的暴行，大麻栽培，後輩への暴行など，大学運動部員が引き起こした事件は

特に近年多発しており，2018 年 5 月に起きた日本大学と関西学院大学の
アメリカンフットボールの対抗戦における日本大学の選手による悪質タッ
クル事件は社会問題化し，組織としての大学運動部のあり方が問い直さ
れることとなった。また，運動部員に対する形式的な入学試験や，運動部
員の勉学意欲の向上に繋がらないような安易な進級，就職についても批判
がある（小椋他，2014）。その意味では，今後わが国において大学スポー
ツを振興させていくためには，文部科学省を中心に進められている大学運
動部における環境整備と並行し，大学運動部自体のマネジメントについて
も検討し，その理論構築を進める必要があると言えよう。

　こうした背景を踏まえ，本章では，組織としての大学運動部のマネジメ
ントの理論モデルを提示することをその課題としたい。後述するが，大学
運動部が今後，存続，成長していくためには，運動部員の競技能力だけで
なく，学生としても成長していくことが求められる。競技選手として学生
として部員を成長させていくことこそが，その目的として据えられるべき
であり，そのためのマネジメントが求められるのである。その理由として
は，先述した文部科学省によるとりまとめにおいて学生アスリートのデュ
アルキャリアの支援の必要性が掲げられていただけでなく，大学当局，大
学教職員，一般学生，高校，社会など大学運動部を取り巻くステークホル
ダーにより，「文武両道」への要請が高まっていることが挙げられる。優
秀な学生を獲得し，大学当局から必要な支援を得ていくためにも，大学運
動部は，競技選手の養成機関のみではない，運動部員を学生として成長さ
せていくための場となることが求められているのである。では，運動部員
を競技者として，学生として成長をさせながら，公式試合でも結果を出す
組織をつくるためにはどのようなマネジメントが求められるのであろう
か。結論を先取りしていくならば，競技者の養成と学生の養成の両立を可
能とする大学運動部マネジメントにおいては，運動部に所属する個々の部
員が練習や試合，部の運営など日常的な活動の中で課題を発見し，それを
組織的に改善していける組織や個人を作り上げていくことが求められる
のである。本章では，大学運動部におけるこうした個々の部員の主体性を
活かした組織マネジメントの理論モデルを考察するにあたり，組織活性化
における個人の行動や役割に注目したマネジメント理論を展開した組織
研究者のクリス・アージリスの理論に依拠しながら考えていきたい。経営

活動や組織の活性化において組織における個人とその自立性や主体性に注目したアージリスの一連の業績は，上記のように運動部における個々の部員の自立性や主体性を中核としたマネジメント理論の構築を目指そうとする試みになしうる示唆が大いにあると考えるためである。具体的には，アージリスによって提唱された「職務拡大」，「参加的・従業員中心的なリーダーシップ」，「組織学習」の3つの理論に依拠しながら競技者としての成長と学生としての成長の実現を可能とする大学運動部のマネジメント理論モデルを提示したい。

第2節　先行研究の検討と本章の分析視座
第1項　先行研究の検討

　本項では，主に体育・スポーツマネジメント領域における大学運動部のマネジメントの先行研究の検討を行いたい。まず，わが国における大学運動部における総説的な研究である。岡本（2004）は，学生アスリートの受け皿であった実業団スポーツの活動の縮小傾向を挙げ，学生アスリートの新たなる受け皿の構築の必要性を指摘している。山本（2009）は，わが国のスポーツは大学を中心とした学校教育に支えられてきたこと，また大学の側もその経営戦略，社会貢献活動にスポーツを活用してきたことを指摘し，その一方で大学運動部は競技成果や社会貢献活動などの対外的な側面を求められてきたがゆえに教育的な側面がおろそかにされてきたことを指摘している。岡本（2006）は，大学運動部の組織的な特性に注目し，大学運動部はクラブの構成員の自助努力によって活動が支えられてきたこと，彼らの努力によって限界がある部分はOB・OG会が資金的に援助してきたこと，この自助努力が運動部の自立・自治の基盤であること，この自助努力や自前主義がプレイの共同体としてクラブの内的な結びつきを強くした半面，外部者への無関心やクラブ間の交流・関係を築くことを阻害してきたことを指摘している。大野（2017）もまた，大学運動部の閉鎖的，封建主義的，根性主義・鍛錬主義的組織であることを指摘し，そうした主義を支えているのが大学運動部の中核的な価値観である勝利至上主義であり，大学運動部における勝利至上主義はその歴史の中で維持・強化されてきたことを論じている。小椋他（2014）は，戦後の大学運動部の発展の経緯を検証し，1960年代以降スポーツにおいて力をつけてきたのは

大学では大学の経営戦略としてスポーツ経営を行いスポーツ推薦制度，安易な進級・卒業などにより，スポーツ活動に重点的に専念する学生を生み出したこと，早稲田大学におけるスポーツ科学部設立と，びわこ成蹊スポーツ大学が開学された2003年以降は，運動系学生たちの受け皿としてスポーツ系学部・コースを設立し，課外活動を正課とする動きが活性化してきたことを指摘した上で，こうした大学経営と大学スポーツの流れは，運動部員の文武両道を阻害し，一般学生や教職員と運動部員との距離を開かせるだけであると批判している。

次に大学運動部の組織マネジメントの先行研究を見たい。まず，外部環境のマネジメントに注目したアリソン（1996）がある。アリソンは，資源依存パースペクティブの視点から大学運動部の活動に必要な資源への外部依存の視点から大学運動部について検討を試み，大学当局やスポンサーである企業や競技団体への財務的な資源への依存は，大学の体育局のディレクターに対し，自らがそうした外部団体に統制を受けている感情を生み出していることを明らかにしている（Alison, 1996）。次に組織構造に注目した村木（1995）がある。村木は，大学運動部の組織構造が，ミンツバーグが指摘している中間ラインがほとんど存在せず，経営者がもっぱら戦略形成と組織マネジメントの役割を担う企業家的コンフィギュレーション的組織であり，監督に負担がかかっている現状を指摘している。とりわけ体育系大学においては，専任教員が監督になる場合が多く，教育と指導，マネジメントの役割が求められ，その業務が過重となっていることを村木は指摘している（村木，1995）。また組織の内部資源に注目をしたスマート＝ウォルフェ（2000）などもある。彼らは，資源ベース・アプローチの視角から大学運動部における持続的競争優位の源泉の解明を試み，運動部内で構築される歴史，関係性，信頼，組織文化などが持続的競争優位の源泉となるとしている（Smart & Wolfe, 2000）。長積他（2002）などは，大学運動部の組織文化に注目し，大学運動部の組織文化を，伝統を順守するがゆえに変革性，創造性が低く，活動がルーティン化している伝統支配型文化，伝統と踏襲しながらもそれにとらわれることなく変革と発展を行う堅実・発展型文化，活動の楽しさに重点を置くがゆえに，現状への問題意識が低く変革・創造が行われない現状肯定型文化，部員の自由裁量によって運営が行われ，変革と創造に対して積極的であるネオ・クラブ型文化の

四つに分類を試みている。二瓶・桑原（2012）は，C大学女子ソフトボール部におけるフィールドワークから，チームのビジョンの作成と周知，チーム・ビジョンと競技特性に基づいたチームの定義の作成の周知，個人の競技力を考慮した個人の役割の提示という三段階のチームスポーツのマネジメントのプロセスを明らかにし，チームにおける個人の意識を，犠牲を強いるものから，役割を担うものへと変えていく必要性を指摘している。八丁他（2015）は伝統のある運動部2クラブを選定し，調査を行い，同じような伝統のある運動部でもそれぞれ組織活動の状況やその機能の仕方が異なることを明らかにしている。また，八丁他（2016）は，複数の運動部を対象に部員のモラールに関する調査を行い，同じような競技成績の運動部でもそのモラールは異なること，単一の運動部内においても時間や環境の変化によりモラールは異なることを明らかにしている。八丁他（2016）は自らの調査を踏まえ，「目標達成機能」を重視した主力選手以外を含めた統一感のあるチーム作りの必要性を指摘している。田幡・榊（2014）は，自発的，自立的に問題解決に取り組んでいる宮城教育大学硬式野球部の事例を紹介している。田幡・榊は，当該クラブでは，ミーティングを組織化したり，省察のためのプレゼンテーション大会などを行い，問題解決に自発的に取り組むための活動を行っているとしている（田幡・榊，2014）。大野（2016）は，監督という大学運動部におけるキーパーソンに焦点を当て，大学運動部の監督の視点から大学運動部のマネジメントについて，外部環境のマネジメントと内部組織のマネジメントの視点から論じている。

　次に指導者，主将のリーダーシップ，大学運動部員のスキルや能力など運動関係者個人のスキルや能力に焦点を当てた先行研究を見ていく。まず，大学運動部におけるリーダーシップについて言及した研究を検討する。チェラデュライ他（1988）は，チェラデュライ＝サレーハ（1980）により導出されたコーチング行動を規定するために顕著であった「トレーニング」，「インストラクション」，「民主的行動」，「専制的行動」，「ソーシャル・サポート」という五つの要因を基にして，日本とカナダの大学運動部員のリーダーシップの嗜好，知覚，リーダーシップと，競技上の成果や肉体的，精神的な成長などの個人的な成果への満足感，リーダーの行動における満足度を調査している。そこでは，日本の大学運動部員は専制的な行動とソーシャル・サポートを好む傾向にあるのに対し，カナダの大学運動部員は

トレーニングと指導，民主的な行動と積極的なフィードバックを好む傾向にあること，また日本の学生よりもカナダの学生のほうがリーダーシップと個人的な結果に対して満足していることが明らかにされている（Chelladurai et al, 1988）。チェラデュライ（1993）は，スポーツチームおけるリーダーシップについて言及された文献を狩猟し，その上で，大学運動部の成果と部員の満足を導くリーダーシップの多面的モデルを開発している。わが国における研究では，例えば鶴山は，大学陸上部のアンケート調査を通して，運動部において求められるリーダーシップのあり方を研究し，有効なリーダー像は組織や組織が置かれている状況によって異なることを明らかにしている（鶴山他 1996；鶴山他 2001）。さらには，鶴山は，選手のモラール（鶴山他，1994），マチュリティ（鶴山他，1995）の視点からも大学運動部におけるリーダーシップのあり方に関する調査を試み，有効なリーダーシップのあり方は組織や組織が置かれている状況により異なることを明らかにしている。小野里・谷口（2013）などは，職務満足の視点から大学運動部のマネジメントについてアプローチし，チームへの貢献，自己努力，部員同士のコミュニケーション，規律，自己コントロールなどが職務満足の要因を具体的に示す構造であることを明らかにしている。また，野上（1999）は，大学運動部の主将のリーダーシップを課題達成に向けて圧力をかける圧力 P 機能，課題達成のための手順を示す計画 P 機能，人間的な配慮を示す行動である M 機能に分類し，圧力 P 機能と M 機能には相関関係があることを確認している。

　最後に，大学運動部員が運動部経験により培われる能力やスキルに関する先行研究を検討したい。横山・来田（2009）は，日常生活で必要なスキルの中でも，特に心理的な問題や社会的な問題に対処するためのスキルを「ライフスキル」と称し，学生アスリートが競技を引退した後も持続する能力を大学生活の中で獲得する必要性と，スポーツそのものが，「生きる力」や「人間の力」を育むという全人的な教育機能を備えていることを指摘し，学校がスポーツを通じた「生きる力」や「人間の力」を学校教育として実践していく必要性を指摘している。齋藤（2013）は，体育会に在籍している学生が体育会経験を通じて培われる能力を「スポーツぢから」と命名し，スポーツぢからを「組織的スポーツ活動を効率的に進めていく能力であり，あわせて多様な人々とともに仕事を行っていくうえで必要な基

礎的な能力」（齋藤，2013；30）と定義し，スポーツぢからは，自分を強くする力，仲間を強くする力，チームを強くする力から構成されているとしている。また齋藤はスポーツぢからは，学士力の中核にも関わるものであり，大学のカリキュラムの内でその養成を検討される必要があるとしている（齋藤，2013）。杉原・奈良（2016）は，体育会学生と一般学生へのアンケート調査から運動部在籍により可能な経験の明示を試みている。杉原・奈良は，運動部在籍により可能な経験として挑戦する経験，続ける経験，ストレスに対処する経験，関係性を築く経験，議論する経験，実行・検証する経験を挙げている。また，大野（2016）は，大学運動部がその存続・成長のため自らに必要な支援をもたらすステークホルダーと関係性を形成し，自らを大学コミュニティの内部へと位置づけていくためにも，運動部員を競技者としてだけではなく，学生としても成長させること，すなわち「競技者の論理」と「学生の論理」を調和させる必要性を指摘している。

　以上，先行研究においては，大学運動部に関する総説的な研究，組織構造や組織文化，組織のビジョン，監督や主将などのリーダーシップ，大学運動部員のモラールやモチベーション，職務満足に着目し，その観点から有効な組織マネジメントのあり方の解明を試みている研究，そしてライフスキルやスポーツぢからなどの，大学運動部における活動を通じて養成される，社会に出ても有用な能力とその養成の必要性について言及した研究が存在していることが明らかにされた。以下，先行研究における問題点を指摘したい。

　先行研究における問題の一点目は，組織を捉えるにあたって，大学運動部という組織の目的をどこに置くのかということについて十分な議論が展開されてこなかったことがある。しかしながら，組織の目的設定は，組織の方向性やメンバーの努力の方向性を決定付ける組織にとっての根幹業務であり，組織マネジメントにおいてまず決定されるべき重要事項である。

　二点目は，先行研究においては，競技成果を上げる組織づくりの必要性とその方法論，大学運動部員の競技能力以外の社会で求められる能力，スキルの育成の必要性とその内容の検討については個別に研究が展開されてきたものの，大学運動部員が，大学運動部活動を通じて，競技者として

だけでなく，学生として，そして人間として成長を実現していくための組織マネジメントのあり方については十分な言及がなされてこなかったことが挙げられる。すなわち，大学運動部員の学生として，人間としての能力の育成と，組織マネジメントについては個々別々に議論されており，それらを統一するための理論枠組みは存在しなかったということになる。

　最後の三点目は，大学運動部の組織マネジメントを捉える理論枠組みについても十分な議論がなされてこなかったことである。八丁他（2015）などは，多くの大学運動部のマネジメントの先行研究は「リーダーシップ」や「モラール」など組織としての個別の要因に注目したに過ぎず，組織そのものの構造や機能を明らかにしようとした運動部の組織論的研究はほとんど行われてこなかったと指摘している。その意味では，大学運動部の組織マネジメントを捉える理論枠組自体を構築していくこともまた大学運動部マネジメント研究の達成されていない課題であると言えよう。これは，経営学的な研究が十分に行われてこなかったことにも起因している。

　以上三点の理由からも，大学運動部が今後，存続・成長していくためにも，運動部員を競技者としてだけでなく，学生としても成長させていくこと，そしてそれを実現するための組織マネジメントとその理論モデルの構築が求められていると言えよう。

第2項　先行研究の検討結果を踏まえた本章における分析視座

　本節における分析視角を提示する前に，前項で確認した先行研究における問題点をどのように昇華させていくかを考えねばならない。まず，前節で提示した先行研究の第一の問題点である組織としての大学運動部の目的の不明確さについてであるが，近年の大学運動部においては，文部科学省やスポーツ庁，大学当局，教職員，一般学生，高校，企業などそれを取り巻くステークホルダー単なる対外試合の勝利や競技者の養成だけでなく，そこにいる運動部員の学生としての成長が求められるようになってきている（文部科学省，2017など）。その意味では，その組織目的としては，対外試合の勝利，競技者の養成のみではなく，運動部員の学生としての成長もまた組織目的に据えられなければならない。全日本選手権大会を9年連続で制している帝京大学ラグビー部などは，チームの目標を「Wゴール（大学のゴールと社会のゴール）」としており，社会でも通用する人

材の養成を目指している（岩出，2018；大山，2018）。

　前節で検討した先行研究の二点目の問題点である組織のマネジメントと人材の養成という議論が平行的に行われており，統合的ではなかったという問題であるが，これについては，どのような人材像を養成すべきなのかということを明確化する必要性があると言える。中央教育審議会(1999)においては，学部教育において重視すべきことは，「学生が主体的に課題を探求し解決するための基礎となる能力を育成する」こと，すなわち「課題探求能力」の養成であるとされている。日常生活の中で課題を探索し，その課題を解決できる能力を養うことができるようになることであると言うことができよう。この課題探求能力は，大学生の資質を向上させるのみではなく，競技者としての能力を高める上でも極めて重要な能力であると言える。大学運動部において優れた競技者，優れたチームづくりを実現していくためには，自分を含む当該運動部の練習方法や内容，その成果を試す場である試合における戦術，さらにはその土台となる組織としての大学運動部の運営，すなわちマネジメントのあり方において課題を探索し，課題を見つけ，その改善を実現していくことが求められる。その意味では，優れた学生を養成するだけでなく，優れた競技者を養成する上でも課題探索能力が重要となり，この能力が組織としての能力，すなわち組織能力となっていくことこそが，競技的に「強い組織」を作り上げ，「優れた競技者・優れた学生」を養成していくことに繋がると言える。コーチング研究においても，自己決定理論のように指導者が選手の自律性を支援する適切な指導を行えば選手は心理欲求を充足させ，競技に対する動機付けを高めるという研究成果もあり，筆者の主張を裏付けるものとなっている(伊藤，2017)。また先述の帝京大学ラグビー部においては，トレーニングに5W1Hを徹底させ，何度も振り返りをさせ，「脳が疲れるまで考えさせる」ことを選手に要求している（岩出，2018；大山，2018）。こうした能力は，齋藤（2013）が「スポーツぢから」で指摘しているような自分，仲間，チームを強くしていくことを可能にする。先述のように，宮城教育大学硬式野球部は，ミーティングを組織化し，省察のためのプレゼンテーション大会などを行い，問題解決に自発的・自立的に取り組むための活動を行っており（田幡・榊，2014），課題解決能力を組織能力へと昇華する試みを実践している。このように大学運動部という組織活動の中で，組織運営や練習

内容，方法，試合における戦術などの活動の中で，課題を探索し，改善していく活動は，大学生として養うべき課題探索能力の養成に繋がりのある活動であると言えよう。もちろんこうした課題解決能力は，運動部員が「受け身」の状態では醸成されることはない。個々の運動部員が主体的に自らの活動や組織にコミットしていくことで養われるものである。個々の運動部員が主体的に自らの活動や部の運営にコミットしていく行為は，体育教育学の先行研究では，「自治」として，主に中高の運動部活動を対象として研究が展開されている（城丸，1993a，1993b；内海，1998；中村，2009；神谷，2015など）。本章でも体育教育学の先行研究同様，運動部員による自治的活動こそが，彼らに自らの活動に対する責任と権限を与え，その行動の主体性を高め，課題の発見能力を高め，その組織的な改善能力を向上させるものであると考える。「自治」とは新明解国語辞典によれば，「団体や組織が，自分たちの事を自己の責任においてきちんと処理すること」を意味する用語であり，指導者，コーチ任せではなく，運動部員たちが自らの責任をもって試合や練習をはじめとする部の運営活動にあたる行為を指す。それを考える手がかりとして本章では，組織における個人に注目した組織研究者のクリス・アージリスの理論を用いることとしたい。

第3節　大学運動部の組織マネジメントの理論モデルの提示
第1項　本章における分析視角としてのアージリス理論の提示

　ここでは，本章において大学運動部のマネジメント理論を考察するにあたり分析視角として用いるクリス・アージリスの理論のうち「職務拡大」，「参加的・従業員中心的なリーダーシップ」，「組織学習」の3つを簡潔に説明したい。

　アージリスは，ピラミッド型組織のような公式組織，具体的には，課業が高度に専門化され，指揮命令系統が一元化されている組織においては，人間の用いる能力，発揮しうる能力のうちの低い次元の能力しか発揮されず，個人が自分の能力の活用，新しいことがらへの学習，自分の仕事を統制することが充足されない可能性が高く，自己実現が禁じられ，失敗，欲求不満，葛藤などの心理的失敗の感情に陥り，無気力，無感動になることにより組織に適応しようとし，リーダーに依存的になりやすくなるとしている（Argyris，1951，1964）。すなわち，組織は個人に組織へのコミット

を求める一方で，個人は組織と心理的距離を取ろうとするというように組織と個人の不適応が生じるのである。こうした組織と個人の不適応を解消し，個人が組織の中で心理的な成功を獲得し，組織への信頼とコミットメントを深めていくための条件として，アージリス（1964）は，①自己責任と自己統制，②有意義な仕事への自発的な取組み，③従業員の重要な能力が活用される経験をもつことの必要性を指摘している。すなわち，組織における個人が，自主と独立の精神を持った存在であることを認め，彼らに仕事の中で挑戦をする機会を提供することを認める必要があるのである（Argyris, 1964）。これらを実現していく手段として，アージリス（1951）は，「職務拡大」と「参加的・従業員中心的なリーダーシップ」を挙げている。

「職務拡大」とは，個々のメンバーが自分の重要な諸能力をより多く活用する機会を与えていくことであり，仕事の流れに従って従業員によって遂行される課業の数を増加させることである。アージリスによるとこうした活動は，全人間的なパーソナリティのより多くのものを含んでいる能力，すなわち知る能力と感ずる能力を要するものであるという。そして，アージリスは，こうした能力を発揮させるためには，従業員に対して自分でより大きな管理を加え，目標と方針と実際的方法に関して決定することができることを認める必要があるとしている。その意味では，こうした能力を発揮させていくためには，自らの仕事の環境に対する責任と権限が与えられなければならないのである。そしてアージリスはこうした活動は，従業員が自らの仕事に対する管理が多くなり，また展望の期間が拡大されるがゆえに，従業員にとって自己実現の度合いが激しく増していくものであると論じている（Arygris, 1951）。

「参加的・従業員中心的なリーダーシップ」とは，組織におけるリーダーが，すべての従業員が組織の方針決定，将来の活動の決定について議論するのを容認，推奨し，従業員が自分たちの職務の状況をできるだけ決定するのを容認することである。アージリスは，参加的・従業員中心的なリーダーシップの最終的な目的は，組織における個々人が最大限の自己実現を，そして同様に組織もその目的を達成できるよう援助することであるとしている（Arygris, 1951）。

参加的・従業員中心的なリーダーシップは，従業員による職務拡大をオ

一ソライズするものであり，それと同時に職務拡大を通じた従業員の自己実現をサポートしていくものであり，その意味では，職務拡大と参加的・従業員中心的なリーダーシップという二つの概念はそれぞれ個々に独立したものではなく，相互に関連しあうものであると言えよう。

　最後は「組織学習」である。組織学習はアージリス以外の数多くの研究者によって多様な議論が展開されているが，ここでは，アージリスの組織学習に焦点を当てて，アージリスの組織学習について検討を加えることとしたい。まず，その定義であるが，西谷は，アージリス（1999）を踏まえ，組織学習を「組織の意図（intentions）と現実を適合させること」（西谷，2008：327）と定義している。

　アージリス＝ショーンは，組織学習は，組織メンバーが問題ある状況に直面し，それを探求する時にはじめて起こると論じている。そこでは，予期された結果と実際の結果のミスマッチが生じており，そのミスマッチを是正するために自らの活動を再構築したり，自分の組織やそれを取り巻く現象を見直していくことが求められるのである。こうしたミスマッチの是正過程により個人が学習したものが組織的なものになるためには，アージリス＝ショーンは，組織的な省察の帰結である学習が組織の記憶として蓄積されると同時に，個人個人の組織メンバーの記憶に蓄積される必要があるとしている（Argyris & Schön, 1996）。

　アージリス＝ショーンは，組織学習を「シングル・ループ学習」と「ダブル・ループ学習」に分類している。シングル・ループ学習とは，組織の価値規範の範囲内においてエラーの発見と改善に努め，その戦略や仮説を再構築していく行為であり，アージリス＝ショーンによれば，シングル・ループ学習は，従来の組織が有する価値規範をもって戦略や仮説を見直すことができる場合は有効であるとしている。これは言い換えれば，従来の価値規範が問題である場合は，シングル・ループ学習は機能しないということである。ダブル・ループ学習とは，組織の規範自体を見直し，その再構築を実現し，それを踏まえ，戦略や仮説を再構築し，その行為の中で学習されたものを組織の中に，その使用理論（theory-in-use）を具現化するようなイメージや認知図として埋め込んでいく行為のことである。アージリス＝ショーンが用いている例え話しを利用するならば，製品 X がなぜ売れないのかそのエラーの発見と改善に努めるのがシングル・ループ学習

であり，製品 X の販売の継続に所在するエラーの発見と改善に努める（そもそも製品 X を販売するべきかを問う）のがダブル・ループ学習であると言える（Argyris & Schön, 1978）。

　企業に代表される現代組織を取り巻く環境の可変性の高さを踏まえるならば，ダブル・ループ学習を促進し，自らを変革していくことこそが，その存続・成長を実現していく上で重要となると言える。しかしながら，組織がダブル・ループ学習を思うように促進させていくことは困難である。それは，組織メンバーが使用する使用理論に関係がある。アージリス＝ショーンによれば，多くの人々は，合理的，保守的，防衛的で，他者とのコミュニケーションを重視しない性格が強く，リスクテイキング的な性格の弱いモデルIと呼ばれる使用理論を用い，行動をしているが，このモデルIの使用理論は，人々をシングル・ループ学習へと向かわせるとしている（O-I学習システム）。こうした組織メンバーの行動は，組織における継続性や持続性，そして安定性を維持しながら目標達成を目指すものであり，組織の経営者や管理者にもまた好まれる行動である。アージリス＝ショーンは，ダブル・ループ学習を生みやすい使用理論として自由で，防衛的な傾向が少なく，学習志向的で問題解決志向の強いモデルIIを挙げている。アージリス＝ショーンはモデルIIの存在を指摘したうえで，組織がダブル・ループ学習を推進していくためには，その使用理論をモデルIからモデルIIへと変化させていく必要性を論じている（O-II学習システム）。しかしながら，組織が長年親しんできた使用理論を変更することは容易ではなく，アージリス＝ショーンは，組織が O-II学習システムへと移行するためには，コンサルタントのような外部者による介入が必要であるとしている（Argyris & Schön, 1978）。

　組織はダブル・ループ学習さえ実行していけば良いのかというとそうではない。アージリス自身もまた，組織学習においてシングル・ループ学習とダブル・ループ学習のいずれも重要であると論じている（Argyris, 1996）。ダブル・ループ学習により組織の変革を実現したとしても，それが組織の中でルーティン，文化として定着しなければ組織的な実践へと昇華しないし，組織としての強みにはなっていかない。ダブル・ループ学習により変革されたものは，シングル・ループ学習により，組織の中でルーティン，組織文化として定着され，強化されてこそはじめて組織的に共有されたも

のとなると言うことができる。

第2項　アージリス理論を踏まえた大学運動部の組織マネジメントの理論モデルの探索

　本項では，本章における今までの議論を踏まえ，わが国大学運動部における組織マネジメントの理論モデルを探索していきたい。

　まずは，組織目的である。これは，先述のように，対外試合における勝利，競技者の養成の養成のみをその目標に据え，組織運営を行っていくことは，自らを取り巻くステークホルダーの要請の観点から困難であると言える。大学当局，教職員，一般学生，高校，企業などの自らを取り巻き，必要不可欠な支援をもたらすステークホルダーの要請を踏まえるならば，大学運動部は，そこに所属する部員の競技者としての成長，そしてそれによる対外試合の勝利のみではなく，運動部員の大学生として，人間としての成長を実現していくことの両方がその目的として据えられる必要がある。彼らの学生として，人間としての成長を実現していくためには，中央教育審議会（1999）が指摘するような「学生が主体的に課題を探求し解決するための基礎となる能力を育成する」こと，すなわち「課題探求能力」の養成が求められ，それこそが，彼らを学生として，人間として成長させるうえでの目標に据えられる必要があるということである。

　そして，本章においては，運動部員の課題探求能力を養う方法として，彼らが，当該運動部の練習方法や内容，その成果を試す場である試合における戦術，さらにはその土台となる組織としての大学運動部の運営，すなわちマネジメントのあり方において課題を探索し，課題を見つけ，その改善を個人として，そして組織として実現していくことの必要性を指摘し，その手段として，部員たちが自分や自分たちに関することを自らの責任において処理していく自治的活動に求めている。監督，コーチなどの指導者任せではなく，自らが組織運営や練習，試合に責任を持ち，その実践に参画することにより，その課題を見つけ出し，その改善に取り組んでいくことが可能となるのである。こうした自らで課題を見つけ，その課題の達成や改善に取り組む活動及び能力の養成は，大学生，人間としての成長だけでなく，競技者としての成功にも必要な能力であり，その意味では，個人として，そして組織として「課題探求能力」を磨いていくことは大学生と

130

して, そして競技者として成功を収めるうえでも重要な能力であると言えよう。スポーツ競技は, チーム競技も多く, 個人競技においても団体戦の存在する競技は多い。その意味では, 個人活動のみでなく, 組織的活動により課題解決能力を高める必要があると言える。指導者任せの練習や試合, 組織運営では, その実践において課題を見いだしていくことは困難であり, 課題を見いだせるとしたらそれは, 指導者の言うとおりにできたのかどうかということに留まるものにすぎない。自治は, アージリスの論じる職務拡大に相当する概念であると言える。運動部員たちは, 職務拡大により, 自ら所属する部の運営, 練習内容や方法の決定, 試合における戦術や運営などの組織の方針決定, 将来の活動の決定に主体的にコミットすることになる。こうした自らの活動に責任を負った実践は, 個々の部員たちに多分に挑戦や実験の機会を提供することになる。それは, 「健康なパーソナリティによって望まれる『限りない戦』を提供し」(Argyris, 1951: 邦訳101), 彼らに心理的成功, そして自己実現へと導き, 成長とさらなる課題探索や解決に彼らを駆り立てていくことを可能にする。

　彼らの挑戦や実験が失敗した場合はどうなるのか。それは, そのエラーの原因を探索し, 発見し, 修正してくことが求められる。そうしたプロセスにより個々の部員, そして組織が学習し, 個々の部員, そして組織にナレッジが蓄積されるのである。その意味では, 個々の部員や組織による挑戦, 実験は失敗に終わったとしても, その原因を究明し, 改善がなされることにより, 学習が促進され, その失敗は意味のあるものとなる。失敗の原因を探索し, 発見し, 修正していくこともまた課題探索能力を養ううえで重要な行為であると言える。こうした個人や組織的活動における挑戦や実験の失敗の原因を探索, 発見, 改善していく活動は, アージリス＝ショーン (1978, 1996) の指摘するところのシングル・ループ学習に相当しよう。シングル・ループ学習が, 組織におけるルーティンを強化させ, 組織メンバーにおける共有を強化させるのである。組織ルーティンの強化は, 大学運動部において現在共有されている価値観, 思考枠組, ひいては組織文化を強化することに繋がる。その意味では, 先述のように, 組織が現在共有している価値観や思考枠組, 組織文化に問題がある場合は, シングル・ループ学習では, それを発見することができない。ダブル・ループ学習とは, 組織が現在共有している価値観や思考枠組の見直し, 変革を実現

131

していくための学習である。組織が現在共有している価値観や思考枠組，組織文化に問題がある場合には，ダブル・ループ学習が有効であり，シングル・ループ学習ではエラーを発見することは不可能であり，むしろ問題をますます見えなくさせてしまうことに繋がってしまう。シングル・ループ学習は，組織の価値観や思考枠組，組織文化の基盤となる組織ルーティンを強化する学習であり，シングル・ループ学習により成功を収めれば収めるほど，これらの組織的特性は強化され，既存の価値観を離れて問題を探索することを困難にさせるのである。こうしたシングル・ループ学習の逆機能をレビット＝マーチ（1988）は，「能力の罠」と称している。こうした逆機能は，組織学習の歴史依存的な性格によるところが大きい（Levitt & March, 1988）。長積他（2002）などは，大学運動部が，組織が築いてきた「伝統」を保ち，それを踏襲しようということに対し，忠実であったことを指摘している。長積他（2002）は，こうした忠実さは，わが国の中学，高校の運動部活動が，指導者による指導を忠実に守ることを重視しており，自立と自律の精神が養われてこなかったことにより促進されたとしている。こうしたわが国におけるスポーツ組織の伝統を重んじる保守性は，長積他（2002）以外の，永島（1974），久保（1980a）などにおいても指摘されている。こうしたわが国における大学運動部の保守性は，当該組織におけるシングル・ループ学習を強烈に促進させ，その価値観，思考枠組，組織文化，組織ルーティンを強化し，ダブル・ループ学習を阻害してきたと考えることができる。その意味では，大学運動部が組織として真の意味で成長し，そこにいる運動部員も競技者として学生として成長していくためには，ダブル・ループ学習を推進していくことが求められるのである。今日の大学運動部を取り巻く経営環境においては，そこに求められる役割も変化しており，その意味でも既存の価値観からの新たな価値観への変革が求められていると言える。

　しかしながら，組織の使用理論に支配された価値観，思考枠組，組織文化，ルーティンを変革するのは至難の業である。では，どのように大学運動部における O-I学習モデルを超克すべきか。こうした難題に対して南（2008）は，組織においてダブル・ループ学習を促進していくために，モデルIIの使用理論を超える創発的戦略設定と組織文化の変革と創造にかかわる経営者のリーダーシップの必要性を指摘している。本章でも，南の

132

指摘同様，まずはリーダーの存在が重要であると考える。アージリスにより提唱されている「参加的・従業員中心的なリーダーシップ」の必要性である。これは，スポーツ指導の現場になぞらえて考えるならば，今までスポーツ指導の現場において礼賛されてきた部員たちを引っ張っていくカリスマ型の指導者ではなく，部員たちに自治的活動を認めることにより，その自立性を推奨し，自立性を引き出し，部員同士の相互作用を促進させ，気づきを与え，彼らによる自治活動をサポートしていく後方支援型の指導者のことをあらわすと言えよう（大野，2018a）。そして，指導者は，既存の価値観，思考枠組の範囲内で部員たちの自治的活動におけるエラーが発見できない場合は，その価値観，思考枠組を変更することもまた認める必要も出てくるのである。先述のように，今日はわが国における大学運動部を取り巻くステークホルダーが当該組織に求めるものは大きく変化しており，その意味では既存の価値観から新たな価値観へと転換するダブル・ループ学習の必要性に迫られており，その意味でも，指導者は部員たちによる自治的活動の活性化をファシリテートする後方支援型のリーダーであることが求められるのである。このように，まずは，「参加的・部員中心的な」指導者が，部員による自治的活動を認め，部員自らが組織運営を担い，練習方法や内容を決定し，試合における戦略や計画を決定し，実践していくことを推奨し，サポートしていく役割を果たしていくことが求められる。そうであるならば，まずは新たな使用理論を有する監督などの指導者が当該運動部に着任するか，指導者自体の使用理論を変革することが今後存続成長の可能性を高める大学運動部における組織マネジメントを考えていく上では重要となる。

　しかしながら，指導者が変われば，組織は変わり，ダブル・ループ学習を推進していけるのかというと，部員自体が変わらなければ困難であると言えよう。南（2008）の指摘する，モデルIIを超える創発的戦略設定についてであるが，本章では，これを運動部員の心に固定されたイメージや概念である「メンタルモデル」（Senge, 1990）から捉えていくこととしたい。岡本（2006），大野（2017）などは，大学運動部を大学当局や一般学生との接点の少ない内向きな組織であるとしている。先述のように大学運動部は保守傾向が強く，変革意識が薄い。さらには，大野（2017）が指摘するように，効率的に対外試合における勝利を達成するため，部内で引き継が

れてきた戦法や組織の運営方法などの「伝統」を重視する傾向が強い。この伝統には，上の学年の部員には従うことという封建制も含まれている。こうした大学運動部の組織的な特質もあり，さらには，大学運動部の部員たちは部外の世界との接点が少ないがゆえに，部において与えられた価値観，思考枠組，組織文化を疑わなくなる傾向が強いと言える。こうした傾向を打破し，運動部員の思考枠組を変革するにはどうすれば良いのであろうか。それは，部員たちと部外との関わりを持たせ，それを活性化させることが有効であろう。部以外の価値観，思考体系などに触れることで，自らのメンタルモデルが多様化され，その変革が実現されていくのである。一番容易な部員と部外との接点確保は，大学コミュニティであろう。部員たちが自ら大学コミュニティにおいて，講義や演習に積極的に参加し，そこに居る多くの部外の学生や教職員と社会的相互作用を重ねる中で，その思考枠組を再構築していくことが重要であると言える。課外活動である運動部の自治的活動の実践の中で生じた問題の解決を正課教育の中にその解決策を見出していくこと，また体育系学部や経営学系学部に所属する運動部員においては，大学教育の中で生じた問題意識（例えば，練習方法や試合の戦術，組織の運営方法など）を大学運動部の中で解決に向け取り組んでいくということもありえよう。その意味では，運動部員は，正課教育である大学の講義および演習，そして課外教育である運動部活動の両方により競技者として学生として成長してくものであると言うことができよう。また近年は，大学がスポーツクラブを設立し，運動部員にスポーツ教室の運営やサポートなどを行わせている大学もある。こうした取り組みは，運動部員と社会との接点を作ることになり，彼らの社会性を高めるだけでなく，メンタルモデルを再構築していく可能性を高めるものとなると言えよう。ダブル・ループ学習を生むためにも部員がその思考枠組を拡大，時に再構築していく必要があり，外部との接点づくりは，その格好の手段であり，その意味では，監督などの指導者は，参加的・部員中心的な後方支援型であるだけでなく，彼らを積極的に大学コミュニティへと位置付けていく存在でなければならない。近年は名門校の運動部においても「文武両道」をスローガンに掲げる運動部も増えているが，部員たちのメンタルモデルの再構築を実現する上でも，彼らが大学およびそのコミュニティに積極的にかかわることは意義のあることと言えよう。外部との接触の中で，

多様なメンタルモデルを抱えた部員たちが自治活動の中で問題を探索し，発見し，収集していく活動により，組織は変革され，活性化されていくのである。運動部員による外部との接点づくりによるメンタルモデルの拡大，再構築は，アージリス＝ショーン（1978）の指摘するところの外部コンサルタントの介入を外部者ではなく，内部者が外部者の視点を持ったまま組織の変革に携わるものであると言えよう。以上の議論を図示したものが図表 5-1 である。

図表 5-1　議論のまとめ

筆者作成

第 4 節　帝京大学ラグビー部の事例

　本節では，前節で提示した理論枠組みの妥当性を検証すべくケーススタディという方法を取りたい。前節で提示した理論枠組みから帝京大学ラグビー部の事例を解釈することにより，その妥当性を検証したい。

　同部は，大学ラグビー史上初の全国大学ラグビーフットボール選手権大会 9 連覇（2009〜2017 年度）を成し遂げており，大学ラグビー界を代表するチームの一つである。監督は同大学スポーツ医科学センター教授の岩出雅之である。事例の選定理由としては，「社会に通用する人材の育成」を目指し，個を尊重したマネジメントを実践しながら，対外試合における成果と部員の人間的な成長の実現の両方を実現していることが挙げられる。以下，読者にも検証を可能とするため岩出の著作などの二次資料を中心に同部のマネジメントについて検討したい。

　まずは同部の組織目的を見ていきたい。岩出は同部の目標を「W ゴール」と定めている（大山，2018）。W ゴールとは，大学のゴールと社会のゴールである（大山，2018）。岩出は，ラグビーは手段であり，部員が卒業後，社会人となり，周囲の人たちからも愛され，信頼され，幸せに人生を生きていけるように，大学 4 年間，ラグビーを通して人間的に成長してもらうことが目標であると述べている（岩出，2018）。このように，岩出は，同部の部員たちに競技者として人間として成長することを願い，ラグビーはその手段であり，部は部員たちが成長していくための器であると考えている。それゆえに同部では，選手たちにグラウンドやクラブハウス，大学構内でゴミを見つけたら拾うことなど，丁寧に日常生活を行うことを徹底させている（岩出・森，2015）。こうした岩出の信念の下，部員たちを競技者として人間として成長させるためのマネジメントを実践しているが，結論を先取りすると，帝京大学ラグビー部では，部員自ら考え，成長すること，チームで考え，チームを成長させることを重視し，部の運営や練習などの随所に「考えさせる」要素を取り入れている。スポーツ競技においては，想定していた戦術がその通りに展開しないことや想定していた戦術を，いつ，どこで，どのように使用するか選手が都度選択していく必要があるためである（岩出・森，2015）。そのような意味でも肉体だけではなく，選手の考える力を養成することは重要であると言える。

　次に具体的な運営について見ていきたい。帝京大学では，自らを「体育

会系イノベーション」と称しており，一般の大学運動部とは異なる運営から勝ち続ける組織づくりを目指している。最大の特徴は，最上級生である四年生が部内の食事当番，毎日の掃除，アイロンがけなどのテーピングの在庫管理や発注，ウェイトトレーニング場の部の管理や，他校の試合のビデオ撮影などのスカウティング，定期的な地域の清掃，会計などの部の雑用や運営業務をこなし，一年生が雑用から解放されている点である。帝京大学ラグビー部では，上級生に行けば行くほど雑用や部の運営業務を担わなければいけない仕組みとなっており，一年生が雑用をこなす一般的な運動部のあり方とは異なっている。これを，岩出は，上級生は部や練習，大学の授業にも慣れ，精神的に余裕がある反面，一年生は部や練習，大学の授業にも慣れておらず，精神的な余裕がなく，そうした状況で雑用を担った場合，勉学やラグビーに向けられるエネルギーが枯渇してしまうためであるとしている（岩出，2010，2018）。

　一年生には雑用を免除されることでできた余裕を「自分づくり」に充てさせている。具体的には，「自分が将来どうなりたいか」という目標を，短期（1年），中期（大学），長期（社会人）の三つに分けて考えさせ，そこに到達するためにはいつから何を準備すれば良いかを洗い出させている。短期レベルで言えば，具体的な行動目標や体づくりの数値目標を設定することになる。そうすることで，一年生の段階から自分で考え，自分で決めて行動する習慣づけをさせている。また一年生の段階では自分でやりたいポジションをやらせることで，向き不向きやそれぞれのポジションのメリットやデメリットを自分で考えさせ，どのポジションにするかを自分で選択させている。このように帝京大学ラグビー部では，一年生には，脳が疲れるまで考えてもらうことを重視している（岩出・森，2015；岩出，2018）。

　四年生を中心とした上級生に雑用をしてもらうことは，一年生にとっては先輩たち，とりわけ四年生に自らを支えてもらうことに繋がる。下級生は上級生に大事にされることにより，安心してラグビーに打ち込めるのも，快適な寮生活を送ることができるのもすべて上級生の支えがあって成り立っていることであると上級生に尊敬や憧れの念を抱くようになり，試合に出場する先輩たちを心から応援し，そのような先輩たちが居る同部を心から好きになると同時に，上級生に進級した時に，「四年生に受けた恩を

返したい」と思い，自分たちが先輩たちにしてもらったことを下級生にするようになる（岩出・森，2015；岩出，2018）。

　こうした同部による四年生が雑用や部の運営を一手に担う「脱体育会」的な方式は，不安に包まれた一年生の緊張を緩和させるだけでなく，上級生，とりわけ四年生への感謝の気持ちや部という組織への愛着，一年生が自分が四年生から受けた恩を後輩に返したいと思う気持ちを生む効果がある。同部の場合は 100 名を超える部員が在籍しており，大半の部員は A チームでレギュラーになることなく四年間の競技生活を終えることにはなるが，試合に出ることができない上級生も，一年生の頃に先輩たちから受けた恩もあり，それを後輩や仲間に返したいという気持ちを生むことに繋がる。そう考えるならば，脱体育会的な運営方式は，一年生から四年生までの部への愛着を構築するものであり，部としての一体感やまとまりを構築する効果があるものと言えよう。

　次に同部のチーム学習的な側面を検討したい。同部では，学年ミーティング，グループミーティングなどの様々な選手同士のミーティングが頻繁に行われており，仲間と仲間を意図的に関わらせる機会を多く設けている。そこで毎年掲げられている行動目標の一つが「前年のチームを上回ること」であり，これは前年と同じことを繰り返しているだけでは実現不可能である。それゆえに，100 名を超える部員の多様性を生かしながら，様々な少数ミーティングで新しいチャレンジやイノベーションを実現し，前年のチームを上回らせることを目指している（岩出，2018）。

　練習においても，4 月から 5 月にかけては，練習をたびたび中断させ，グラウンド上で，「いまどんなことを考えて，その動きをしたのか」，「その際大事なことは何か」について話し合う，「3 人トーク（後輩が話し役，先輩が聞き役に回るミニミーティング）」を行い，ディスカッションをさせている（岩出，2018）。体づくりやコンディション調整に関しても部員一人一人が専属のトレーナーや栄養士と「なりたい体」について話し合った上で，数値目標を定め，現状と目標との開きを具体的に分かるようにしたり，血液検査の定期的な実施により自らのコンディションを調整する際のフィードバック情報として活用させている（岩出，2018）。

　また同部では，選手同士が真剣にぶつかり合うコンタクト系の激しいチーム練習は，シーズンが始まってからは週 1 回のみとしたり，経費のかか

る練習試合を抑えたり，個々の選手が，今自分が何をしなければならない
のかを考えさせる練習体制にしている（岩出，2010；大山，2018）。

　同部では，毎回の試合や日々の練習後，徹底して「振り返り」を行うこ
とを重視している。ポジションごとに数人のグループを作らせ，その試合
や練習でどのようなプレイをしたのか，どのようなミスをし，どのような
フォローをしなかったのかなど今日の試合を経て，あるいは練習を終えて
今後修正すべき点を話し合わせ自分たちが次にすべき行動を決定させた
上で，それを監督である岩出に説明できるようにさせている。選手たちの
振り返りが浅い場合は，再度振り返りをさせている。この振り返りにおい
ては，5W1Hを意識してつかむようにさせ，自分の行動の原因を分からせ
るように努めている。その原因を捉えた上で，次の行動を明らかにし，や
ってみることが求められる。それにより問題を乗り越えることが可能にな
るかもしれないし，乗り越えられなかった場合は再度の振り返りが求めら
れる（岩出・森，2015）。

　監督である岩出は，同部や部員にどのようにコミットしているのか。岩
出の著作（岩出，2010，2018；岩出・森，2015）を中心に検討したい。そ
こにおいて確認されたのは，部員たちの「自分づくり」や，個人やチーム
による省察的なコミュニケーションの促進を支援したり，そこにおける
「気づき」を与えるというような，彼らが自立的に行動，学習し成長して
いく過程を支援していくというスタンスであった。その意味では，「教え
る」，「導く」というよりは，「支える」，「支援する」というファシリテー
ター的な関わり方であることが確認された。もちろんただ見守るだけでは
なく，大山（2018）が指摘するように，無駄に練習試合を組まず，移動に
かかる費用を血液検査や栄養面でのサポートに充てるなど，選手たちがコ
ンディション作りに専念できる環境を整えてきたのも確かである。その意
味では，限られた経営資源の中で何に重点を置くのか，その配分に関する
意思決定も多分に求められるということができよう。

第5節　小括

　以上，本章では，クリス・アージリス理論に依拠しながら大学運動部の
組織マネジメントの理論のモデルの構築を試み，後半では帝京大学ラグビ
ー部の事例を検討した。そこでは，大学運動部が運動部員の競技者，学生

としての成長とそれによる組織成長をその目的とし，その手段として，部員達による組織運営の自治的運営というある種の職務拡大を実践させることにより，そこにおける課題を探索，発見し，改善し，時に組織を支える価値観や思考枠組み，組織ルーティンを見直し，組織文化を変革していく必要性を議論した。帝京大学ラグビー部の事例においても，同部が，競技としての成功と社会人としての成功であるWゴールをその目的とした上で，アージリスの指摘するところの職務拡大に相当する自主的な部の運営や練習において多様かつ頻繁なチーム学習により，実践と省察を重ねながら新たな知識や行動を生み出し，部の運営や練習方法などを漸進的に改善し，その繰り返しの中で個人と組織を成長させることにより，対外試合における成果と部員の競技者としての成長と人間的な成長の両方を実現していることが明らかにされた。本章の議論は，体育・スポーツ経営学研究領域における大学運動部のマネジメント研究において，不明確であった組織としての大学運動部の目的を明らかにした上で，大学運動部が課外教育を担う組織としてどのような教育ができるのかということと，それを包摂した組織マネジメントの理論枠組みの構築を提起することに成功したと言うことができる。その意味で，本章における議論は，体育・スポーツ経営学研究においてインプリケーションを有するものであると言えよう。また，2018年5月に起きた日大アメフト部員による危険タックル事件以降，議論されてきた組織としての大学運動部のあり方に関する議論，そして大学運動部のマネジメントの実務に対しても示唆をなすものであると言える。

　しかしながら，本章においては組織学習の主体は組織であり，その意味では，個人に焦点を当てた議論は十分になされなかった。今後は，組織学習論と併行し，個人の学習に焦点を当てている学習組織（学習する組織）論の視点から，大学運動部における学習組織の構築という観点から研究を試みていく必要がある[2]。また，本章の議論は，学生のメンタルモデルの再構築を実現する手段として大学の正課教育にその可能性を求めている。その意味では，今後の大学運動部のマネジメント研究においては，体育会系学生を成長させていくための教育内容論，教育方法論にも視野を広げ議論を展開していく必要がある。以上二点を今後の研究課題としたい。

注

1 本章は，第1〜3節，第5節は，大野（2019），第4節は大野（2018c）に加筆訂正を施したものである。
2 筆者による学習組織論の視点からの大学運動部のマネジメント研究の成果は大野（2018c）を参照されたい。

第6章 わが国中高運動部組織のマネジメントの組織論的検討―部員自治によるマネジメントの視点から―

第1節 問題意識と本書の課題

2012年12月に起きた大阪市立桜宮高等学校男子バスケットボール部の体罰自殺事件以降，運動部活動への社会的な関心が高まっている。文部科学省の調査によると，平成24年度に小学校，中学校，高等学校，特別支援学校，高等専門学校で生じた体罰の発生件数は，6,721件であり，被害を受けた生徒は，14,208名であった（文部科学省，2013）。こうした社会的な関心の高まりを受け，翌年の2013年に文部科学省は，「運動部活動の在り方に関する調査研究協力者会議」を設置し，『運動部活動の在り方に関する調査研究報告書』を公表した（運動部活動の在り方に関する調査研究協力者会議，2013）。この数値は，直近（2019年度）では，697校，767名と大幅な減少を見せてはいるものの（文部科学省，2019），依然として体罰は根絶できていない。

このように今日においては，運動部活動への注目と体罰・暴力に依存しない運動部活動指導の社会的要請が高まっている。さらには，体罰・暴力を誘発する勝利至上主義の過熱化とわが国のスポーツにおける価値観の転換も求められている。それにも関わらず，スポーツ組織の経営活動を研究対象とする体育・スポーツ経営学の領域において運動部活動のマネジメントに関する研究は，一部の研究者を除いてほとんど行われていない[1]。そうした状況ではあるが，わが国の代表的なアマチュアスポーツ組織である運動部活動における民主化を促進させること，それにより中高生の「運動部活動離れ」の促進を防ぐ方策を考えていくことは，スポーツ政策の立案に携わる者と，運動部活動の現場で指導に当たる教師だけの義務ではなく，我々体育・スポーツの研究に従事する者の責務であると言える。

そこで，本章では，体罰・暴力によらず，部員の成長の実現を可能とする中学・高等学校の学校運動部活動のマネジメント理論の枠組みを提示することをその課題としたい。具体的には，運動部活動は，学校教育の一環として行われるべきであるとの前提の下，部員が運動部活動の中で成長していく手段を，運動部活動における自治に

求めたい。部員の自治という視角から教師・先輩の強制・押し付けではなく，部員の主体性を活かした部員自治によるマネジメントと，それにより部員である生徒が，人間的に成長していく組織運営のあり方を提案したい。こうした部員自身の自治による運動部活動の運営に関する議論は，一部の体育教育学領域の研究者によって展開されている。しかしながら，体育教育学の研究においては，当然ではあるが，運動部活動をひとつの組織としてどのようにマネジメントしていくのかということ，すなわち経営学的な視角は存在していない。そこで，本章では，一部の体育教育学者の手により展開されてきた自治に主眼を置く運動部活動論を組織論的に解釈することにより，運動部活動のマネジメント理論枠組みの構築を試みたい。それにより，とりわけ運動部活動を研究の対象とする体育・スポーツ経営学と体育教育学に貢献すること，さらには学校運動部活動の指導の現場に身を置く指導者にその指導のあり方に対し，一定の指針を与えることを目指したい。

　中学，高校の学習指導要領を見る限り，運動部活動は学校教育の一環として行われ，部員の自発性，自主性を基盤とするものであることが謳われており（文部科学省，2008，2009），運動部活動における理念として部員の自発性を根幹に据えることは決して目新しいことではないと言える。しかしながら，実態として，体罰に関するニュースが新聞の紙面やニュースを賑わせているように，運動部活動の現場が，理念通りに組織運営がなされていないことは明らかである。本章における議論は，運動部活動のあり方を本来の姿へと戻していくためのものであり，その意味でも意義のあることと言えよう。

第2節　わが国運動部活動の実態—監督主導によるマネジメント—[2]

　本節において，運動部活動が，文部科学省によって部員の自発性，自主性を基盤とするものであるとされながら，実態はそれとはかけ離れていることを明らかにしたい。

　わが国の中高の運動部を指導する教師は，「監督」と呼ばれ，監督は練習方法の採用，選手の起用などの絶対的な権限を持ち，生徒を掌握している（嶋﨑，2013）。この全体服従的な師匠—弟子的な関係は関（2015a）なども指摘しているように，スポーツ移入期に形成された日本的なスポーツの価値観をその形成基盤としている。加えて，

中学，高校の運動部は既述のようにわが国のスポーツシステムにおける重要な構成者であり，生徒たちが（特に本格的に）競技を継続しようと思ったら，そこに留まるしか選択肢はなく，指導者や先輩から理不尽な扱いを受けたとしてもそれに耐えて，部に留まるしかないのである。関（2015a）が指摘しているように，中高の運動部の指導に当たる教員はほぼボランティアでその休日などの勤務外時間を割いて指導をしており，こうしたボランティアによる指導が保護者，生徒当人に行き過ぎた厳しい指導を行う教員に対し，苦情を言うことを抑制する装置として機能しており，「体罰」の問題を今日までスポーツ指導の現場で蔓延させてきた遠因となっていることも否定できない。

さらには運動部活動で好成績をあげることが高校や大学へ学の手段となっており，上級学校へ生徒を推薦するのは監督である教員である。試合への出場権とともに，進路という重要なファクターも監督者である教員に握られており，生徒も保護者も監督に逆らえないような風潮が広がっている（嶋﨑，2014）。

中高の運動部は，わが国のスポーツシステムの中核的な構成者のひとつであり，中高の運動部はわが国のスポーツシステムにおいては，未来の日本代表選手，メダリストの養成機関として位置づけられており，競技団体などもそのような役割を担うことを期待している（体操競技や水泳競技などのように中高の選手が日本代表になる場合もあるが）。わが国の競技団体は，長年にわたり，旧文部省に対して，中高生の対外試合の参加基準を緩和するよう強く求めてきた歴史がある（鈴木，2014）。各競技団体からの継続的な要請を受け1954年「学徒の対外競技について」から別記として特定の競技能力を持つ生徒に限り，中高生の試合参加制限を徐々に緩和し（1961年「全国中学生選抜水泳大会」），国民体育大会にも中学生種目が入り，2013年には13種目に拡大された（鈴木，2014）。こうした中高生の対外試合の開催回数と参加回数の向上により，中高の運動部活動は完全にわが国のスポーツシステムの一翼を担う存在となったのである。競技団体の養成を受け，中高の運動部活動はエリートスポーツ選手の養成機関となったわけであるが，そこにいる運動部員の育成に関しては，各学校，部の指導者に一任され，競技団体自体は直接的には関知はしていないのが実情である。ゆえに，体罰などの現場の行き過ぎた指導などを感知することが困難であるという問

題がある。

　学校においては、運動部活動は正課の教育課程ではなく、課外に位置づけられてきたゆえ、直接的にコミットすることはなく、その統治は、顧問の教員（監督）に委任されてきた歴史がある。2008年の学習指導要領の改定により、部活動は教育課程外に位置づけられ、学校の関与はますます小さくなり、顧問の教員に与えられる権限はますます大きくなった。現在では、中学校の学区域緩和により学校選択の幅が広がっていることから、小学生による中学校の運動部選択は入学者の増減に影響している（鈴木、2013）。それゆえ、成績を収めることのできる部の指導者は重宝されることとなり、多少厳しい指導があったとしても黙認されてきたのである。一方高校では、運動部活動の成績は、運動部員の進学率、受験生の確保、学校のイメージアップにも大きく寄与する要因となるゆえ、成績の良い運動部活動の顧問の教員は、高校経営上のキーマンとして重宝され、多少厳しい指導があったとしても黙認されてきた。嶋崎（2013）などは、部活動で良い成績を収めている教員は学校や保護者から高い評価を受けやすいと指摘し、ゆえに教員としての本務よりも試合で勝つことを優先する教員が現れ、必然的に指導、練習が苛烈化することを指摘している。

　部活動が苛烈化するもうひとつの理由はわが国の中学生、高校生の競技会のあり方に求められる。日本の学校スポーツの競技会は、「インターハイ（全国高等学校総合体育大会）」、「全中（全国中学校体育大会）」のような全国大会を頂点として、それに向かい、地区大会から都道府県大会、ブロック大会と負けたら終わりのノックアウト形式で行われている（嶋崎、2013）。

　「負けたら終わり」ゆえに、そこで勝つために指導も必然的に厳しくなり、練習も苛烈化していく。嶋崎（2013）が指摘しているように、そこでは生徒に考えさせるよりも、教員が勝ち方を教えてそれを押し付けるほうが勝利への早道になる。当然、メンバーも固定化して、3年間一度も試合に出場することなく引退を迎えるたくさんの「補欠」も出てくる（嶋崎、2013）。レギュラーとして活躍した生徒も、引退後バーンアウト（燃え尽き症候群）し、高校や大学に進学後、その競技を続けないこともままある[3]。これは、大学運動部にも言えることであるが、「勝利」という価値の一元化にその原因が求められよう。勝利という要素に価値が一元化されるゆえ、能力が高く、

指導者の指導方針に適応性の高い生徒に優先的に練習する場，試合に出場する機会が与えられ，運動能力の高くない生徒，能力が高くとも導者の指導方針に適応できない生徒には十分な練習の場，試合に出場する機会が与えられないのである。そうした生徒は途中で部をドロップアウトしてしまうか，在学中に燃え尽きて進学後はその競技を続けなくなるのである（これは指導者の指導方針に適応し，試合に出場する機会を十分に与えられた生徒も例外ではない）。このように，現行の学校運動部活動では，価値が一元化しているゆえ，多様なスポーツニーズを捉えることができないという問題がある。総合型地域スポーツクラブなどは，そうした中学生，高校生のスポーツニーズに応える可能性を秘めた制度であるが，総合型地域スポーツクラブが，そうした中高の運動部活動が対応できない，中高生の多様なスポーツニーズに応えきれているとは言い難いのが現状である。

　部活動に生きがい，アイデンティティを見出し，休日も返上して，指導に当たる教員が存在する反面，顧問であるにも関わらず，指導に当たらず，練習にも顔を出さない「名ばかり顧問」も存在し，中高運動部の現場は，決して生徒が等しくスポーツを実践できる場とは言い難いのが実情である。現時点で熱心な顧問教員がその学校を転任した場合（公立中高においては転任は不可避であることは既知の事実であろう），適切な後任を確保できない場合は，残された生徒が引き続いて活動を継続できる保証もないのが実情である。

　以上，中高の部活動を中心に学校スポーツについて検討してきた。そこにおいては，熱心な指導者がいる部においては，「勝利」という一元的な価値の下，武道における師範と弟子的な関係が監督の教員と生徒の間に存在し，監督が絶対的な権限を持ち，生徒に苛烈な練習を強いてきたことが確認された。関(2015a)も指摘しているように，指導に当たる教員は中学，高校，大学を通じて運動部活動に身を置いてきた者が多く，そこに適応し，生きるためのナレッジを獲得するとともに，そこでの経験を通じ，運動部活動という制度に対し，肯定的な感情を抱いており，自らが学んできたもの，培ってきたものを教え子に伝えているのである。部の指導に当たる教員の，運動部活動に対するそうした肯定的な感情が運動部活動という制度を維持運営する原動力となっているものと言える。桝本(2001)などは，部活動は，生徒たちの「青春の血と汗

と涙」の結実する場であり，一種独特のコミュタス的集団を形成するものであり，その教育的意義をそこに求める指導者たちが存在する限りは部活動を学校教育の範疇に留めようというドライブはかかり続けると論じている[4]。

　一方，学校では，先に確認したように運動部活動は教育課程の外に位置づけられており，そこにはコミットせず，その直接的な管理運営は顧問という名の教員に委任してきた。それゆえ，教員が行き過ぎた指導をしたとしてもそれを監視するのは難しい状況にあったと言える。加えて，先に確認したように，運動部の活躍は，学校経営上非常にプラスの影響を及ぼすゆえ，そこでの厳しい指導が黙認されてきたというのも実情であろう。このように，中高における運動部活動においては，学校によるガバナンスは機能しておらず，その運営における健全性の確認は，監督という名の教員という内部者にのみに委ねられてきたのである。先に述べたように，監督はメンバーの選任，進路決定などに強い権限を有しているため，生徒やその保護者はその方針に意を唱えることは困難であり，生徒という内部者，保護者という外部者によるガバナンスが機能してきたとは言い難い。それゆえ，教員が誤った指導や意思決定をしたとしても，それをとがめることは誰もできず，桜宮高校のような大きな事件が起きて初めて，その運営の問題点が外部に明らかになるということは決して驚くべきことではないのである。

　このような問題点を孕みながらも監督が主権を有し，主導する形により運動部活動は今日まで存続してきた。運動部活動は，学校の中で教育の一環として行われる活動であること，その主体は生徒自身であること，そして部員の自発性，自主性を基盤とするものという運動部活動の本来の原理原則に立ち返った上で，監督ではなく，生徒を主体とした新たな運動部活動のマネジメントモデルの探索をしていく必要があろう。

第3節　学校運動部活動のマネジメントの先行研究の検討

　本節では，体育・スポーツ経営学領域における学校運動部活動のマネジメントを取り扱った先行研究を検討していきたい。学校運動部活動のマネジメントに関する研究は，主に体育・スポーツ経営学の領域において進められている。体育・スポーツ経営

147

学とは，体育・スポーツ活動をその目的とする組織の運営を考えていく学問であり，一例を挙げると，運動部活動を含めた学校体育，総合型地域スポーツクラブ，民間スポーツクラブ，プロスポーツクラブなどがその研究対象とされる。

　まず，体育・スポーツ経営学のテキストにおいて，運動部活動がどのように取り扱われてきたのかを検討したい。戦後におけるわが国最初の体育経営学のテキストである江尻・宇土（1963）においては，運動クラブの運営における顧問会議の確立，顧問会議の構成メンバー，学校全体の運営組織と各運動部顧問との関係，生徒会組織と運動部活動の関係性，顧問会議の任務練習に関する協定事項，外部コーチの招聘の条件，経費の問題に関する指針，校内競技会などの学校への奉仕活動の基本方針，顧問教師の任務など広範にわたるトピックを網羅した構成となっている。その後も，東京教育大学教育学部体育経営学研究室の教授であった江尻容の後を継いだ宇土正彦が編纂したテキストにおいて，高島（1976），品田（1976），宇留間（1989）が運動部活動に関する項目を執筆している。品田（1976）は，運動部の目的に応じた類型と形態について，高島（1976）は，運動クラブの目標管理，組織管理，練習管理，運動者行動に関する管理，対外試合の参加に関する管理についての言及が短いながらもなされている。宇留間（1989）においては，品田（1976）を踏襲した，目的に応じた運動部の分類とそれぞれについての言及がなされている。これらのテキストにおいては，運動部活動に関する言及はあるものの，その主役である部員のマネジメント，リーダーとしての顧問教師の具体的な行動や，組織を具体的にどのようにマネジメントしていけば良いのかに関する十分な言及はなされていない。宇土正彦の後を継いで，筑波大学体育学群体育経営学研究室の教授となった八代勉が編集した『体育・スポーツ経営学』（2002 年，大修館書店）においては，運動部活動に関する記述は，「体育・スポーツ経営関連資料」として 2 ページのみが割かれるという状況であった（八代・中村, 2002）。テキストのタイトルに「スポーツ」が加わったことからもわかるように，その研究対象が学校体育だけでなく，総合型地域スポーツクラブやフィットネスクラブのような学校外のスポーツ組織へと拡張している。八代勉の後を継いで筑波大学体育学群体育経営学研究室の教授となった柳沢和雄を中心に編纂されたテキストとしては『よくわかるスポーツマネジメント』（ミネルヴァ書房, 2017 年 3 月）がある。そこにおいて

は，中（2017），嶋﨑（2017）の運動部活動に関する原稿がある。嶋﨑（2017）などは，部員が生涯スポーツの実践者となり，社会の形成に貢献していくために，運動部活動の中で自治を経験することが必要であることを指摘しているが，2ページという制約の中では十分な議論が展開できていない。『よくわかるスポーツマネジメント』の公刊以降，柳沢を中心に公刊されたテキストとしては，『テキスト体育・スポーツ経営学』（大修館書店，2017年11月）がある。ここでは，清水（2017）による「学校運動部活動の経営論」と題したトピックが存在するが，わずか4ページの記述にとどまっている。

　運動部活動のマネジメントに関する体育・スポーツ経営学的な研究としては，保護者，地域住民，スポーツ団体などのステークホルダーとの連携の必要性をガバナンスの視点から論じた横山（2014），高校野球部の競技成績の規定要因について論じた藤田（2014），運動部活動における勝利至上主義が形成され，中核的な価値観となる経時的なプロセスを検討し，「部活イノベーション」と称し，外部指導者の導入を行った杉並区立和田中学校などの事例を挙げながら，その克服可能性を論じた関（2015a），複数の顧問教員による相互チェックによる体罰防止策を提唱した関（2015b），総合型地域スポーツクラブとの連携可能性について言及した大竹・上田（2001），中西（2009），運動部の顧問の管理行動に焦点を当てた藤田・松原（1992），藤田（2000），藤田・吉田（2010），藤田・佐藤（2017）などがある。

　2016年9月には，早稲田大学スポーツ科学学術院教授の友添秀則を編者として，大修館書店より『運動部活動の理論と実践』が公刊された。筆者は体育教育学者と教育現場で体育教育にあたる教員が中心ではあるが，第5章において「運動部活動を豊かにするマネジメント」と題して，運動部活動のマネジメントに関しての記述がなされている。第5章では，1で，清水（2016）が学校運動部の計画化と組織化について，2で，吉田（2016）が運動部活動における目標設定について，3で，嶋崎（2016）が，運動部活動の現場で指導に当たる教員に求められる資格とスキルについて，4で梅野（2016）が，指導現場において，生徒を威嚇させる言葉から生徒の尊厳を高める言葉による指導の必要性を論じている。しかしながら当該書籍は，実務者向けのテキストの色彩が強く，運動部活動のマネジメントについて十分が議論が展開されているとは

言い難い。とりわけ，部活動という組織のマネジメントについては，特定の理論に依拠しながら理論構築を試みるというものではなく，実務的な提案にとどまっている。

　以上，本節では，学校運動部活動のマネジメントに関する先行研究について検討した。以下，運動部活動の先行研究に関する課題を指摘したい。

　まず一点目であるが，組織目的に関する議論の必要性である。組織としての運動部活動のマネジメントのあり方を議論していくためには，その目的，教育的な意義，効果が議論される必要がある。組織としての理念が構築され，それに基づいて組織や戦略，個人，そして個人間の協働，コミュニケーションのあり方が決定されるためである。運動部活動は学校の中に位置するスポーツ活動であり，そこには学校にある必然性がなければならない。学校とは教育活動を実践する場所であり，それを踏まえるならば，運動部活動にも教育的な意義や効果がなければならない。学校にあるがゆえの「教育の論理」の必要性である（神谷，2015）。運動部活動における教育的な意義や効果については，少数の研究者によってはあるが体育教育学の領域において議論されてきた。

　二点目であるが，組織の協働プロセスに関する議論の必要性である。組織が人をして目的を達成していく人間の集合体であるならば，個人同士の協働とそのプロセスについて明らかにする必要があろう。これは，運動部活動も同様である。真に運動部活動という組織活動を有効なものとしていくためには，部という組織の中で，部員たちはどのように他の生徒たちと関わりあっていくのか，そのあり方，プロセスについても明らかにする必要があろう。

　三点目は，顧問である教師の運動部活動への具体的なコミットの方法である。運動部活動において教師にはどのような役割が求められ，どのようなことを指導するべきなのか，体育・スポーツ経営学領域の運動部活動のマネジメントにおける先行研究の議論では十分なコンセンサスがなされておらず，見えてこない。さらに言えば，教師であるがゆえの運動部活動へとコミットの仕方については先行研究では十分な議論がなされていない。一点目の課題でもある運動部活動の目的と合わせて，顧問，指導者である教師の運動部活動へのかかわり方について議論していく必要があろう。

　最後の四点目であるが，運動部活動を捉える諸要因をホリスティックに捉える必要

性である。運動部活動のマネジメントの先行研究においては，組織としての運動部の目的や組織のあり方，部員の指導，外部組織との連携などの視点から議論が展開されてきた。しかしながら，これらの研究は各々の視角から運動部活動のマネジメントの一部に焦点を当て，議論が展開されてきた印象はぬぐえない。組織目的，組織構造，指導，外部組織との連携などの組織的な活動の一部を取り上げ，その方法論を議論したとしても，ダニエル・ミラー，ヘンリー・ミンツバーグなどの組織論領域のコンフィギュレーション論者が論じているように，組織とはある種の社会システムであり，組織の各構成次元はタイトに結合し，全体をなしているホリスティックな存在であるため，ひとつ要素が変化したとしても，全体が変わらない限りはそれが有効に機能することは難しいと言える（Miller & Friesen, 1984 ; Miller,1986 ; Meyer et al., 1993 ; Mintzberg et al, 1998）。具体的に言えば，前章で取り上げた文部科学省の調査（文部科学省, 2013）では，平成24年において年間で6,721件の体罰があったと報告されているが，体罰を防止するための運動部活動の存在目的や教育的な意義を議論したとしても，それを実行するための指導法や組織構造やマネジメントについて議論しなければ，それは実現の覚束ないものとなるであろうし，体罰を防止するための指導法を議論したとしても，運動部活動の目的や教育的意義を指導者が理解し，目的や教育的意義を踏まえた指導や組織構造を設計していかなければ真に体罰の防止を実現できるような運動部活動づくりは困難であるということである。ミラー（1986）が指摘しているように，戦略を議論するためには，戦略の内容を議論するだけでなく，それを実施する組織のあり方についても議論する必要があるのである。またミンツバーグ他（1998）も指摘しているように，組織とは，さまざまな特徴を互いに補完しあうやり方でまとめていくことにより，効果的に機能しているのであり，個々の要素を変えたとしてもそれは全体としては機能しないのである。真に運動部活動をマネジメントしていくことを考えるのならば，組織としての運動部活動の目的，そしてそれに合わせた組織設計と組織マネジメント，戦略形成などを考察の対象に入れる必要がある。すなわち，目的，組織，個人，文化の個々別々な議論ではなく，すべてを視野に入れた総合的な理論枠組みの構築が求められるということである。一例を挙げれば，ミンツバーグ他（1989）などは，組織における変革において変革されるべきものとして，戦略におい

ては，ビジョン，ポジション，プログラム，製品，組織においては，カルチャー，組織構造，システム，人材を挙げ，ガルブレイス（2002）は，組織変革の要件として，戦略，人材，構造，報酬，プロセスを挙げている。

　以上，本節では，学校運動部活動のマネジメントに関する先行研究の検討を行った。そこにおいては，運動部活動が何を目的とし，どのような協働体系の下で運営がなされるのか，そして指導者である教師がどのようにそこへ関わっていくのか，そして目的，組織，戦略，文化，リーダーなどの運動部活動を構成する諸要素がいかに関わりあうのか，ホリスティックな視角が欠落していたことを明らかにした。次章は先行研究における問題を克服する手がかりを体育教育学，とりわけ運動部員の自治をベースとする運動部活動論を展開している研究者たちの議論に求めたい。

第4節　体育教育学領域における部員による自治に主眼を置いた運動部活動研究の検討

　本節においては，主に体育教育学の視点から運動部活動論の教育的な意義や効果について言及した研究について紹介および検討をしていきたい。本章では，城丸章夫，中村敏雄，内海和雄，神谷拓の四人の研究者の運動部活動に関する論考を取り上げたい。いずれの研究者も運動部活動の教育的な意義を部員による運動部活動の自治に求めている。「自治」とは，新明解国語辞典によれば，「「団体や組織が，自分たちの事を自己の責任においてきちんと処理すること」」を意味する単語であり，運動部活動に所属する部員たちが，誰からも強制されることなく，自分の意思で，組織運営やスポーツ活動，そこにいる人々，部外の人々とコミットしていくことである。運動部活動は，現行の中学，高校の学習指導要領にもあるように，生徒の自主的，自発的な参加により行われるものであり，責任感，連帯感の滋養等に資することが目的とされている（文部科学省，2008，2009）。自治をベースとする運動部活動論とは，部員による運動部活動における自治経験こそが彼らを生徒としてそして人間として成長させるものであり，それこそが競技力の養成に先立つものであるというスタンスを示すものである。こうした視角は，前章の最後で論じた体育・スポーツ経営学領域における

運動部活動のマネジメント研究が抱える問題を超克できる可能性を示すものである
と考えられる。以下，本章において，四人の研究者の運動部活動論を紹介したい[5]。

　一人目は，城丸章夫（千葉大学名誉教授）である。城丸の運動部活動論について言
及した神谷（2008）は，城丸の運動部活動論の特徴を，民主的な自治活動集団の指導
論を通して，勝利至上主義，非科学的練習などに象徴される「運動部活動の聖域化・
密室化」の問題にメスを入れ，学校全体に開かれた組織，集団活動を求めた点にある
としている。城丸は，部活動の発生を自由な同好者団体や社交組織に持っており，そ
の団体に所属する限り，団体内においてはお互いに同士であり，人間としての価値が
承認され，団体内で生み出した合言葉，生活のしかた，理想，価値観の前ではお互い
に平等であり，お互いの自由を承認しあうとし（城丸，1993b）[6]，上記で神谷（2008）
が論じているように，運動部活動を民主的な自治集団活動であるべきとし，運動部活
動のねらいを人間的共感と自主性にあるとして（城丸，1993b），そのあり方を論じて
いる。城丸（1993a）は，自治集団活動は，教師が自らが有する管理権を部員に委託す
ることを根拠として発展すべきであると論じている。

　次に城丸（1993a）は，運動部活動が社会としての経営活動の一部を担う存在である
ため，社会に寄与すべきであるという認識を有しており，その手段として，生徒仲間
に道具を貸したり，下手なものに教えるというような，学校およびその生徒への「寄
与活動」の必要性を挙げている。

　こうした自治的の集団である運動部活動に対し，城丸は，教師は，部活動の内面から
の指導，すなわち同好者として，同志として同じ価値観を共有し，同志の中の先達と
して，その活動を内面から方向付けをしたり，援助を与えるという指導をしていくべ
きであるとしている。すなわち，教師も運動部活動の持つ独自の文化価値やクラブ社
会の内部的な約束やルールに従い，同士としてそこに参加し，内面から先達として指
導をしていくという方法である（城丸，1993a，1993b）。

　また，城丸（1993b）は，運動部は，教科の中で目覚めさせられた課題，問題意識
と，その当然の結果としての目的意識であるとし，運動部活動はプロジェクト的なも
のを大きな特質とするとし，教科教育と教科外活動とを弁別している。以上を踏まえ
るならば，城丸の見解は，教科教育で習得した知識や技能を活用し，教科外活動であ

る運動部活動において，課題を発見し，その課題の解決に向けて取り組んでいくというスタンスと言えよう。

　二人目は中村敏雄（元広島大学教授）である。中村は，戦前から続く対外試合の勝利を志向した運動部活動の過熱化，それに伴う非科学的練習，封建的組織運営，少数精鋭主義のあり方を批判し（神谷・高橋，2006；中村，2009），スポーツは，人間が人間らしく生きるために創り出された文化のひとつであり，その特徴として若者たちの心身を鍛えるためにも役立ち，集団生活の楽しさや厳しさを学ぶためにも有効であるという前提の下，運動部に所属する部員たちは，このような経験の素晴らしさと重要性とを自ら体験しつつ，全校生徒に対して，それの普及・浸透を図ることをその最大の目標として活動するべきであるとしている（中村，2009）。

　そして，中村は，運動部活動に所属する部員たちは，自らの種目を科学的に分析・研究をし，その成果を総合して練習内容を吟味し，計画的・系統的に練習させ，継続的に学習を行っていく（練習を科学化させていく）「専門家集団」であるべきとしている。運動部活動が専門家集団となることにより，部員自らが，生活規範を作り出していき，自主性と個性を伸ばしていくことを可能とし，運動部活動を支配してきた経験主義，鍛錬主義，根性主義を排除し，部員ひとりひとりの人間らしさや人権を保障していくことを可能とするとしている（中村，2009）。

　中村は，「学習」こそが，運動部活動の体質を変えていくうえで，そして専門家集団として研究活動を行っていくうえでも重要であると指摘している。中村は生徒ひとりひとりが，こうした活動を実践していくために，教科教育における体育理論の教授の必要性を指摘している（中村，2009）。つまり，中村は，運動部活動を教科体育発展の場として位置づけているのである（神谷・高橋，2006）。また中村は，運動部は専門家集団として対外試合での試合を行うのみならず，スポーツ文化へと寄与すべく，文化祭などでの研究成果の公表と，全校レベルでの競技大会や練習会などの企画運営をし，その技術を還元（還元活動）すべきであるとしている（中村，2009）。このように，中村は，自治的な運動部活動運営において，「研究活動」と「還元活動」を重視している。生徒自らが教科体育で得た知識や経験をベースとして研究活動を行い，練習や戦術の質を高め，試合で研究成果を検証する。そして，普段の研究活動の成果

は，全校生徒を対象とする練習会や文化祭での研究成果の報告などにより還元されるのである。自らの活動を全校生徒へと還元していくという視点は城丸と同一の主張である。そして，運動部活動を全校生徒のために方向付ける教師のかかわり方は，子どもの自主性を壊す強制ではなく，子どもの自主性に沿った援助が求められることを最後に記しておく（中村，2009；中澤，2014）。

　三人目は内海和雄（一橋大学名誉教授）である。内海が，運動部活動論を展開した時期は，城丸，中村が運動部活動論を展開した1970年代ではなく，1990年代であり，この時期にはすでに運動部活動は大規模化しており，生徒の「週7日部活動」や「部活動漬け」などその過剰な活動は問題となっており，内海は，その状況を踏まえて，生徒の諸権利を保証するように修正する方向でその議論を展開している（中澤，2014）。内海は，まず運動部活動の役割を子どもたちの発育・発達，人間形成上の意義，学校生活への適応形成などの学校生活の意義，スポーツ普及への意義，地域，家庭の活性化への意義に求め，運動部活動は，社会体育とは異なり，学校教育の一環として行われるべきものであり，それは部員主体の民主的な形で行われるべきであるとしている（内海，1998）。

　そうした前提の上，スポーツ文化を，練習や試合の場面である「スポーツそれ自体」，総会，運営委員会，渉外，機関紙などのチームを運営する上での組織上の側面である「スポーツの組織」，クラブが存在しうる社会的条件整備にかかわる「スポーツと社会」に分類し，この3つに対応した能力形成，指導が必要であるとし，内海は，それを実現していく活動として部員による運動部の自治活動を挙げている（内海，1998）。

　内海によれば，その競技の技術習得，試合を中心とする技術的，戦術的側面などの「技術的側面」は運動部活動の指導現場では重視されてはいるものの，それに不可分の人間関係を中心とする「組織的側面」が運動部活動の指導現場では軽視されているとしている。しかしながら，組織的側面こそが指導者である教員が指導しなければならない側面であり，民主的な運動部活動をつくるうえで不可欠な事項なのである。顧問である教員の役割を明確化させることにより，外部指導者制度を導入したとしても自治やそれに基づく教育的効果が損なわれない民主的な運動部運営が可能になるのである。こうしたある種の「役割分担」により，教師の側も過負担となっている運動

155

部の指導からも解放されるのである。その他，内海は，試合におけるスタメンを部員たちの投票で決めさせること[7]，部活動間の移動や複数部の所属の許容，指導に当たる教員の研修の必要性，先にも指摘した週7日練習の縮小化などを提唱している（内海，1998）。

　最後，四人目は神谷拓（関西大学人間健康学部教授）である。神谷が運動部活動論に関する論文，著書を公刊しているのは，2000年以降であり，その意味では，城丸，中村，内海よりも運動部活動に関する今日的な問題を取り扱っていると言うことができる。まず，神谷は，運動部活動は，学校の中で行われるものであり，そこには教育的な意義がなければならないとし，運動部活動が学校教育の一環として行われるのならば，学校教育は，機会均等を原則として成り立っているため，すべての生徒に開かれ，すべての部員の成長に資する存在である必要があるとしている（神谷，2015，2016）。

　そして神谷は，教科教育と運動部活動の関係性を，教科指導は，知識・技能の学習を中心とした「陶冶」，教科外活動では思想・行動の形成を中心とした「訓育」がその中心とされ，この両者の延長線上に運動部活動が位置づけられるとしている（図表6-1参照，神谷，2015）。すなわち，神谷は，運動部活動を各教科の学習や教科外の集団活動を発展させたり，強化させる場所であると考えているのである（神谷，2016）。

　以上の前提を踏まえ，神谷は，運動部活動を平等な資格で，自発的に加入した成員によって運営される「結社」であると捉えている（神谷，2015）。そして神谷は，この結社は部員たちによる主体的，自主的な自治をベースとするものであり，規則，ルールは「みんな」で作られるものであり，自治内容には「みんな」の意思を組み込む必要性を指摘している（神谷，2015）。そして神谷は対外試合における勝利は，部員たちの自治を追求していく中で実現されるべきものであるとしている（神谷，2015）。このように，神谷は，部員たちを主体的，自主的活動へと導き，部員のモチベーションを高め，多様な人格を形成するうえで自治活動が重要であると論じている（神谷，2015）。最後に神谷は顧問としての教師の運動部活動への関わり方についても言及している。神谷も城丸同様，生徒による運動部活動の自治的な運営は，教師が有する管理権の生徒への委託を根拠とするとしている。神谷は，具体的には，管理権には，①クラブの目的や規則をつくる，②年間学習や学期計画を立てる，③計画に基づく組織

をつくる，④技術面と生活面のリーダーを決める（分ける），⑤話し合いの原案を作る（教師も相談に乗る）などが挙げられるとし，城丸の論説をより具体化している（神谷，2015）。神谷は，教師は管理権を委託した状況上では，必ずしも技術指導を行う必要はなく，部員が自分たちで活動できるような条件を整えていくための活動に対し，自らの専門性の範囲で指導に当たるべきであるとしている（神谷，2016）。

図表6-1　神谷(2015)により提示された教育課程と運動部活動の関係

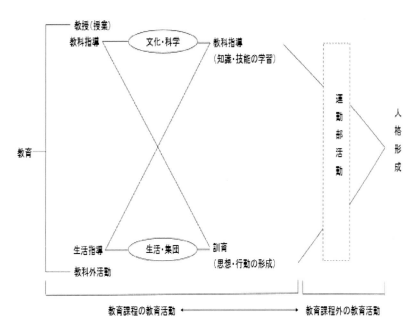

出典：神谷（2015），286頁

　以上，本節では，部員である部員の自治を基盤とする運動部活動運営の必要性とそのあり方を論じている四人の体育教育学研究者の運動部活動論を簡潔にではあるが紹介した。彼らの議論を踏まえると，運動部活動におけるマネジメントの理論枠組みの構築を考えるにあたり，以下の要素を考慮すべきであると考えられる。

　まず一点目は，学校の中で行われる活動であるがゆえ，教育的な意義を有するべき

であり，それは競技者の養成や対外試合の勝利などを目指す「スポーツの論理」に勝るべきものであることである。城丸，中村，内海，神谷の4者の議論を踏まえるならば，それは部員の人間的な成長である。対外試合における勝利とは，それ自身が目的ではなく，部員の成長を追求していく過程で達成できるものであると言うことができよう。二点目は，運動部活動の教育的な意義は，部員による平等的な自治活動にあることである。自治は，練習方法の決定や技術の向上の追求，戦術などの「技術的側面」，自らが競技や試合を行う場所を整えるための組織運営のための活動である「組織的側面」，外部社会とかかわりを持ち，自らの活動の成果を還元したり，その環境を改善していくための活動である「社会的側面」の三つの側面に分類される（内海，1998）。そこにおいて，重要なことは，部員を強制や押し付けにより指導していくことではなく，自立性を有した部員が他の生徒や部へとかかわり，上記の三つの側面を作り上げていくことである。三点目は，運動部活動が生徒の成長の場であり，生徒による自治的な活動の場であることを踏まえた顧問，指導者としての教師のかかわり方である。自治を実践していくためには教師は自らの持つ管理権を部員に委託していく必要がある。また，自治に基づいた運動部活動運営を実現していくためには，「型」を部員に押し付ける指導ではなく，二点目に挙げた，三つの活動を部員たち自らが自分たちの力で実践できるようにサポートをしていくことが求められるということである。

第5節　学校運動部活動における新たなマネジメント理論の探索

　本節では，前節で検討した部員による自治をベースとした，彼らを人間として成長させる運動部活動のマネジメントのあり方を組織論の視角から検討していきたい。それにより，学校運動部活動のマネジメントを捉える新たな理論枠組みを構築したい。

　まずは，先行研究の検討により導出した最初の課題でもあった組織としての部の目的である。前章の先行研究の検討から，運動部活動は社会に位置する総合型地域スポーツクラブとは異なり，学校の中で行われるスポーツ活動ゆえ，そこには教育的な意義が必要であることが確認された。それを踏まえるならば，組織としての運動部活動の目的は，スポーツ活動そのものではなく，部員である生徒の成長にあると考えることができる。部員の成長が目的であり，スポーツ活動はそのための手段であるという

ことであり，対外試合における勝利とは，部員の成長を追求していく中で実現される
べきものであり，それ自体が目的であってはならないということである。そして，こ
うした組織の目的は組織において遵守すべき理念となり，活動における方針の決定や
部員の自立的な行動の指針となるのである。

　では，部員の成長を目的とする組織においては，どのようなマネジメントが有効で
あろうか。先行研究の検討により導出した二つめの組織プロセスの課題である。組織
と個人の統合について研究した組織研究者のクリス・アージリスの理論に依拠しなが
ら考えていきたい。アージリスが提唱した「職務拡大」と「参加的なリーダーシップ」
は，自治を中核とする運動部活動のマネジメントとも親和性が高く，そのマネジメン
ト理論を考えるにあたり，示唆に富んだ理論であるためである。アージリスは，組織
における個人が自分の能力の活用，新しいことがらへの学習，自分の仕事を統制する
ことが充足されない場合，失敗，欲求不満，葛藤などの心理的失敗の感情に陥り，無
気力，無感動になることにより組織に適応しようとし，リーダーに依存的になりやす
くなるとしている（Argyris, 1951, 1964）。アージリスは，こうした事態を回避し，
組織と個人の目的の不適応を解消させ，従業員の精神的健康を維持させる手段として，
自分の重要な能力をより多く活用する機会を与えられる従業員の職務拡大と，すべて
の従業員が組織の方針決定，将来の活動の決定について議論するのを容認，推奨し，
従業員が自分たちの職務の状況をできるだけ決定するのを容認する参加的なリーダ
ーシップの二つを挙げている（Argyris, 1951）。また，アージリスは，信頼度の高い
風土の組織のもとでは，個人は自分たちの心理的成功の機会を増すこともできると論
じている（Argyris, 1964）。心理的成功を得るための条件である，自己責任と自己統
制，有意義な仕事へのコミットメント，従業員の重要な能力が活用されるという三点
の要件が充たされるためである（Argyris, 1964）。さらには，アージリス（1964）は，
組織の方針は，等しい権力と責任を持った関係者全員の参加により決められるべきで
あり，組織のあり方に自らが関わることにより，高い次元の能力を使うことに繋がり，
その経験は自らの心理的な成功や成長に繋がるとしている。またアージリス（1964）
は組織メンバーが協働をうまく行う能力のことを「対人能力」と称している。対人能

力を上げることは，組織メンバーの成長と組織における協働の質，ひいては組織目標の達成をも可能とするのである。

　アージリス（1951，1964）の議論を踏まえると，組織とは，個人が自己実現を果たし，人間的に成熟，成長していく「場」であると捉えることができる（大野，2020c）。さらには，そこでは，組織の方針や将来的な部の姿を議論しあうことが奨励され，個人が自らの仕事について考え，挑戦できる組織づくりとそれを奨励することが求められるのである（大野，2020c）。以下，アージリスの理論に依拠しながら，部員の自治を中核とする運動部活動のマネジメントのあり方について考えていきたい。

　まず，従来型の指導者である教師が運動部活動におけるすべての管理権を持ち，そのマネジメントに当たる運営方法は，アージリス（1951，1964）の指摘するピラミッド型組織に相当する。そこにおいては，教師がすべての管理権を持ち，部員である生徒は，決められたことをこなすのみで，自己責任も自己統制も，有意義な仕事にコミットすることも，挑戦することも，重要な能力が活用されることもないのである。生み出されるのは指導者の依存と，失敗，欲求不満，葛藤などの心理的な失敗である。そうした状況において部員である生徒たちが心理的な成功を得ることは難しいであろう。わが国においては，高校，大学に進学するとともにその競技を止めてしまう（バーンアウト）生徒が少なくないことも，運動部の運営方法とも関係性があると考えられよう。唯一彼らが心理的な成功を感じられるとすれば，それは対外試合の勝利によってのみである。部員である生徒たちが，対外試合の勝利によってのみ心理的な成功を感じられないのであれば，勝利にのみ唯一の価値を置く，「勝利至上主義」的な価値観を容易に受け入れ，週7日は当たり前の猛練習や部活漬けの日常生活，教師による行き過ぎた指導，体罰をも受け入れることを可能にする（田村，2014）[8]。

　部員による自治を中核とする運動部活動は，アージリス（1951）の指摘する職務拡大がその運営における基盤となっている。運動部活動における職務拡大は，城丸（1993a，1993b）の指摘する教師から生徒への管理権の委託により成立する。委託された管理権は，練習方法や技術の追求，試合における戦術などの「技術的側面」，組織としての部の方針など組織としての部の維持に必要な「組織的側面」，渉外業務など部と学校，外部社会とのかかわりを規定する業務である「社会的側面」など広範にわたる。

これを平等に分担し，部員たちがその役割を担っていくことが求められる。そして，部の方針や練習内容，戦術の決定などは，学年の垣根を超えた部員同士の話し合いにより決定される。それこそが「自治」である。大学運動部の事例ではあるが，前章でも紹介したように岐阜協立大学駅伝部では部内で組織をつくり，役職を作り，全員が役職を持ち，部の仕事を回しており，同部監督の揖斐祐治氏によると，これは皆が組織の一員であるという意識づくりと，自分の立ち居地と仕事を把握するのにも役立っているという（2016年5月20日揖斐氏へのヒアリングより）。これも前章で紹介した事例ではあるが，宮城教育大学硬式野球部では，ミーティングを組織化したり，省察のためのプレゼンテーション大会などを行い，問題解決に自発的に取り組むための活動を行っている（田幡・榊，2014）。

　職務拡大により，部員たちは教師への依存から解放され，自分で決定権を持ち，行動をしていくことを可能とする。そして職務拡大により，部の方針，練習内容，戦術の決定などの重要事項も部員同士で決定していくことが求められることになる。そこにおいては部における個人個人が主体的にスポーツ活動，部，そして他の部員と関わっていくことが求められる。個人個人が主体的にスポーツ活動を研究し，他者と協働をし，個々人の対人能力を向上させていく中で，練習内容の改善，戦術の質の向上が実現されていく。すなわち，前章で確認した「研究活動」（中村，2009）が蓄積されていくのである。その意味では，主体性と自立性を有した個々の部員が自らその技能を高める努力を重ね，他の部員との社会的な相互作用の中で，部という組織，そこにおける練習方法や戦術が構築されていくということである。以上を踏まえると，運動部活動はそこにいる部員同士の社会的相互作用により社会的に構築されるもの（社会的構築物）であり，そこにおいて重要なことは個々の部員の自立性であると指摘することが可能であろう。

　また，部員たちの自立的な行動は無制限に許されるものではなく，自分たちで決めた組織の方針に準拠するものでなければならない。その意味では，自らにより決定された組織の方針は，ミンツバーグ＝ウォーターズ（1984）の指摘する，どこまでの実践を組織の戦略へと包摂するのかを判断する枠組みである「アンブレラ」の役割を果たすものと言える。こうして組織における練習方法や試合における戦術は社会的に構

築されるとともに，部内の個々人の実践にも影響を与えるというように組織の中で再生産されていくのである[9]。そして，そこにおいては，成功する場合も失敗する場合もあるであろう。しかしながら，部員たちはその経験から学習をし，その学習は個人や組織にナレッジとして堆積され，次の実践へと活かされるのである。挑戦・実験と，その結果の回顧的意味付け（Weick, 1969）と学習によるナレッジ蓄積は，自らが考え，自らが責任をもって行った実践でなければ困難であり，教師の押し付けの下で下した決定であるならば，そうした経験をすることは難しいと言える。そして，組織におけるこうした活動の積み重ねは，組織において自治をベースとする（組織）文化を醸成し，部員たちのこうした活動に正当性を与え，促進させることに繋がるのである。城丸，神谷らの体育教育学者も暗に論じているように，こうした「自治」というある種の組織マネジメントを教師まかせではなく，生徒自らで行う中で，成長していくことこそが，運動部活動の教育的な意義であると言え，それこそが，教科教育，社会体育にはない運動部活動の意義であると言えよう。

　さらに言えば，運動部活動は自らを閉鎖された存在ではなく，「開かれた存在」へと変えていく必要がある。城丸や中村の論じた「寄与活動」の必要性である。寄与活動により，学校や全校生徒，地域社会などの外部ステークホルダーとの関わりは，自らを閉ざされた内向き型の組織から，開かれた組織へと変革することに繋がる。それだけでなく，自らを透明性の高い組織へと変えていくことは，体罰のような教師による専制を起こすことをなくしていく可能性をも高め，部外の生徒や教員が自らを「学校の代表」と認めることをも可能とする。その意味では，運動部活動の運営は，外部ステークホルダーに貢献するものである必要があり，彼らにもまた目を向ける必要があるのである。そうであるのならば，部における業務においては寄与活動に関するものも含まれる必要があり，その他の運営業務と同様に議論されていく必要があると言える。

　では，指導者である教師は部員たちの自治活動をベースとする運動部活動に対し，どのように関わっていくべきであろうか。先行研究の検討により導出した三つめの課題である。生徒による自治活動をベースとする運動部活動においては，今までスポーツ指導の現場において礼賛されてきたカリスマ型の指導者，部員たちを引っ張ってい

くタイプの指導者とは異なるタイプの指導者が求められていると言える。技能の追求，戦術の構築は部員自らの手で自治的に行っていくため，その部分は教師に求められていないためである。具体的には，アージリス（1951）の言う「参加的なリーダーシップ」が求められるのである。部員たちを教え導いていく，先導していくタイプの指導者ではなく，彼らの自発性を引き出し，相互作用を促進させ，気づきを与え，時に組織の基軸からその相互作用がブレないようにその相互作用に修正を求めていくというように，彼らによる自治活動をサポートしていく後方支援型の指導者が求められているのである。そして，教師の自治を支える後方支援型の指導のあり方は自治を基盤とする組織文化を後押しすることを可能とする。そのような指導のあり方であるならば，内海や神谷が指摘するように，顧問は必ずしもその競技に熟達していなくても，自らの専門性をもってその自治に対し，部員たちの指導に当たることを可能とするのである。

　以上，本節では，運動部活動を考えるうえで，目的，組織（構造と協働），リーダー（指導者），文化について論じてきたが，これらの要素は，先行研究の検討により導出した四つめの課題のように，ひとつを改革したとしても機能せず，すべての活動をホリスティックに捉えた上で，改革を実現していく必要があるのである。本章における議論を図示したものが，図表6-2である。

第6節　小括

　以上，本章では，転換期を迎えつつある運動部活動に対し，体育教育領域，組織論領域の先行研究に依拠しながら新たな運動部活動のマネジメントの理論枠組みを提示した。そこでは，生徒の成長を実現することを組織の目的とし，その目的を実現するため，部員による自治というある種の職務拡大の必要性について論じた。それにより，個々の部員の自立性を引き出し，部や他の部員へと自発的にコミットさせ，社会的相互作用を深め，部という組織や練習内容，試合における戦術を構築していくことを明らかにした。また自立的であるがゆえに，その結果からも学習をし，次の行為へと活かすことも指摘した。そして部におけるこうした実践の積み重ねは自治を重視する組織文化を形成し，こうした活動を後押しすることを指摘した。また，指導者であ

図表 6-2 議論のまとめ

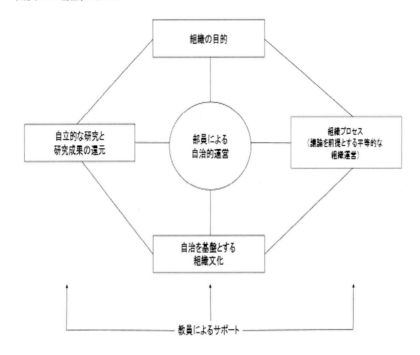

筆者作成

る教師は彼らに気づきやサポートを与えることにより，その社会的相互作用を促進させることが求められることを明らかにした。その意味では，先行研究の検討により導出した最初の課題，そしてダニエル・ミラーなどの組織論領域におけるコンフィギュレーション論者が論じるように，組織におけるマネジメントは，組織，戦略，個人，リーダー，文化などの諸要素がタイトかつ複雑に結びついているゆえに，ホリスティックに捉え，その変革やあり方を論じていくことが望ましいということである。

　本章は学校運動部活動のマネジメントの理論枠組み構築にあたり，体育教育学において展開されてきた生徒の自治を中核とする運動部活動研究を援用し，その視角から理論構築を試み，そのマネジメントの理論枠組みを構築した。リーダー（教師），組織，練習，戦術，文化，渉外活動など個々の要素が別々に展開されていた先行研究に

対し，運動部活動のマネジメントにおける総合的な理論枠組みを提示したこと，運動部活動のマネジメント研究において，生徒による自治活動を組み込み，それを中核に吸えたマネジメントの理論枠組みを構築した部分に体育・スポーツ経営学領域における運動部活動のマネジメントの先行研究に対する貢献が求められよう。

　今後の研究課題としては，以下の三点が挙げられる。まずは，組織論に依拠しながら自治活動における相互作用のプロセスを明らかにする必要性である。この相互作用は，部員たちが運動部という組織の中で教師，先輩，同期，後輩などの人々との相互作用により社会化していくプロセスであると言える。今後は，組織社会化などの議論にも踏み込み，考察を深めていく必要があろう。二点目は，外部環境との相互作用を視野に入れたマネジメント理論の構築の必要性である。真に開かれた運動部活動を実現していくためには，外部ステークホルダーとの相互作用を視野に入れた運動部活動のマネジメント理論のあり方を探索する必要があるが，本章ではその議論に十分踏み込むことはできなかった。寄与活動・還元活動の視点から外部環境との相互作用を捉えるための理論枠組みを構築していく必要があろう。最後は，インタビュー・サーベイやフィールドワークにより，部員による自治を基盤とした運営を行っている運動部の事例研究を行うことにより，本章において提示した理論枠組みの妥当性を検証する必要性である。以上三点を今後の研究課題とし，本章を閉じることとしたい。

注

[1] 運動部活動は，わが国の学校教育において正課の教育課程ではなく，課外活動として位置づけられてきた歴史がある。2008 年の学習指導要領の改訂により，部活動は，教育課程外に位置づけられることとなった（文部科学省，2008）。正課教育として位置づけられてこなかったことも，体育教育学における研究対象として取り上げられることが少なかった一因であると考えられる。

[2] 本節は，大野・徳山（2015）の大野執筆担当部分（II「組織ごとに見たわが国スポーツ組織の特性」の③「中高スポーツ」）に加筆訂正を施したものである。

[3] 筑波大学付属高等学校教諭の中塚義実は，「負ければ終わり」の高体連の大会では得られないスポーツ文化を育むことを目的として 1999 年に東京都文京区，豊島区の高校サッカー部や地域クラブに声をかけ，「DUO リーグ」と名付けられたサッカーのリーグ戦を開始した（中塚，2013）。DUO リーグの詳細は，中塚（2013）を参照されたい。

[4] 沢田（2001）などは，体育教師の大学運動部での経験は，その組織が有する官僚制的な性質ゆえに，大学卒業後入職する体育教師集団における権力構造を学習し，社会

165

化していくことを容易にさせるとしている。また沢田はこうした経験は，生徒指導などの校務分掌につくさいに非常に有用であるとしている（沢田，2001）。

[5] 城丸章夫，中村敏雄，内海和雄の運動部活動論の詳細な検討と比較は，中澤（2014）が詳しい。また，神谷拓によっても，城丸章夫と中村敏雄の運動部活動論の検討は行われている。前者は神谷（2008），後者は神谷・高橋（2006）を参照されたい。

[6] 城丸は，運動部活動を自由な自治集団であり，練習計画や練習規律についても一定の自主性を持つということが，運動部活動とお稽古事を区別する点であり，教科の授業とも違う所以であるとしている（城丸，1993b）。

[7] 内海は，スタメンの選出について，教師がふさわしいと考えるメンバーと，部員による投票結果には，ほとんど差異がないことを指摘している（内海，1998）。こうした取り組みは，実際の運動部活動現場においても実践されている。代表的な実践家には，広島県立広島観音高等学校を全国高等学校総合体育大会サッカー競技大会で優勝に導いた畑喜美夫が挙げられよう。畑の運動部活動指導の実践については，畑（2013）が詳しい。

[8] 田村（2014）は実際に体罰を受け，その経験を肯定的に捉えている3名の運動部経験者の語りを掲載している。そこでは教師が自分を強くしてくれたことへの感謝，先生は自分たちにうまくなってほしいという想いから体罰という行為に至ったのであろうと分析する元生徒の声が掲載されている（田村，2014）。ここで注目をしたいのは，彼らが体罰が効果的に生徒の競技能力を挙げる手段と認識していることと，自分の効果的に指導の成果を高めるため，体罰を行うかもしれないと回答している元生徒がいたことである（田村，2014）。関（2015a），田村（2014）の議論を踏まえるならば，運動部活動の指導にあたる教員は自らの運動部活動における経験を肯定的なものと捉え，そこでの経験を批判的に検討することなく，運動部活動指導の現場にあたっていると言うことができよう。

[9] この記述は，戦略論研究における，戦略は組織内外の多様なステークホルダーにより社会的に構築されるものであるとみなす「実践としての戦略（Strategy as Practice）」に着想を得ている。「実践としての戦略」については，ジャルザブコースキー（2005），ジョンソン他（2007）などを参照されたい。

第 3 部　スポーツマネジメントにおける理論と

実践の統合

第 7 章　ディスカッション─理論と実践の統合を可能とするスポーツマネジメント理論の構築にむけて─

　以上，本書では，6章にわたり，スポーツマネジメントについて理論的な側面と実体的な側面から検討を試みてきた。本章では今までの議論の総括を行いながらそこに若干の考察を加えることにより，スポーツマネジメント研究の理論的な拡張を若干ながら実現することをその課題としたい。具体的には，スポーツマネジメントにおける理論─実践，各研究アプローチ（体育学的アプローチ，コンサルティング的アプローチ，経営学的アプローチ）がどのように統合可能なのかを明らかにすることにより，学問としてのスポーツマネジメント，そして実践科学としてのスポーツマネジメントの可能性の拡張を試みる。

第1節　第1部の総括とディスカッション

　まず，第1部「わが国スポーツマネジメント研究の現状・課題・展望」では，研究としてのスポーツマネジメントの現状及び問題点を明らかにし，スポーツマネジメントにおいて対立項とされてきた理論と実践，スポーツマネジメントにおける各研究アプローチの統合可能性を検討した。

　第1章「わが国スポーツマネジメント研究の現状，問題点と展開可能性」では，スポーツマネジメントの起こりや生成，定義，研究対象について触れた上で，その研究動向を明らかにし，わが国におけるスポーツマネジメント研究の問題点としてその研究が定量調査による消費者行動研究に偏りが見られること，特定の経営学，会計学，マーケティング理論に立脚しておらず，もっぱらラグビー，オリンピックなど特定のスポーツ現象を分析することに意識が置かれてれている研究が少なくないこと，スポーツ組織の経営活動の全体を捉えるマネジメント的な研究の少なさの三点を明らかにし，そうした問題点を克服していくためには，スポーツマネジメントにおける「マネジメント」すなわち，経営学を基盤とした理論構築が求められることを指摘し，各研究者が一般経営学理論を基盤とした研究者同士の対話や，理論構築を目指し，実務家に対して，その経営実践において有用な思考の基盤を提供する必要性を指摘した。

第1章では，一般経営学をスポーツ組織の経営現象を分析し，その姿を明らかにするための思考の基盤となるもの，すなわち分析枠組みとしての一般経営学理論の学修を深化させることにより，スポーツ観戦者やスポーツイベント参加者などのありのままのスポーツ消費者の姿を明らかにしていくことを目指す体育学的な研究アプローチと，経営学の理論基盤の拡張を目指し，スポーツを研究フィールドとして選定している経営学的アプローチの統合がなされる可能性を指摘している。また，自らのスポーツマネジメントにおける実務経験を基盤とするコンサルティング的アプローチもまた，一般経営学を基盤とすることにより，単なる現場還元的な議論に終止せず，スポーツマネジメント理論の拡張をも可能となる可能性を有していることを明らかにした。その意味では，図表1-4で示した通り，スポーツマネジメントに関わる各研究者やスポーツマネジメントの実務出身の大学教員は，一般経営学を基盤としながら，各々の「得意分野」を活かしながらスポーツマネジメントという学問の理論的な拡張を担う重要なアクターであると指摘することができよう。その意味では，体育学的アプローチの担い手である体育学者も，経営学的アプローチの担い手である経営学者も，コンサルティング的アプローチを担う実務出身の研究者も互いに対立する存在ではなく，それぞれがスポーツマネジメントという学問を構築するために必要なパズルのピースを有した存在なのである。スポーツマネジメントの「スポーツ」への理解は体育学者に一日の長があり，「マネジメント」への理解は経営学者，スポーツマネジメントの「実態」に関しては実務経験者にアドバンテージがある。それぞれが，共通の基盤の上で，互いの長所を持ち寄り，創造的な対話を繰り返しながらスポーツマネジメント理論を理論的に価値があるだけでなく，実務家の経営実践における有用な思考の基盤にしていくことが求められるのである。こうした異質なバックボーンを有する研究者同士がスポーツマネジメントという学問を社会的に構築することを可能とするためにも，「共通のフレームワーク」，それはスポーツマネジメントの「マネジメント」の部分に相当する一般経営学の学修をし，それに習熟していくことが求められるのである。「共通の基盤」がなければ，当然異質な者同士での対話は成立しないし，協働も成立しない。その意味でも，対話，そして協働を促進させる共通の基盤が必要となるのである。

第2章「スポーツマネジメントにおける理論と実践の関係性の検討」では，スポーツマネジメントにおける理論と実務の関係のあり方について検討した。そこにおいては，学問としてのスポーツマネジメントは，スポーツマネジメント領域における実務家の実践能力を向上させるために存在し，彼らに啓発を与えるための教育であるべきという前提の下，一般経営学を基盤として，それを用いてスポーツマネジメント現象を捉えていくことにより構築されるべきものであるということを明らかにした。スポーツマネジメントにおける実務家もまた，一般経営学理論を踏まえたスポーツマネジメント理論を基盤としながらスポーツマネジメント現象を捉えていくことにより，自らの経営実践能力を高めるとともに，自らの経営実践の基盤となるような経営理論の構築を可能とすることを明らかにした。こうしたスポーツマネジメントにおける実務家により構築された経営理論は，スポーツマネジメント研究者によって観察の対象とされ，それに理論的な意味づけがなされることにより，新たなスポーツマネジメント理論へと昇華し，スポーツマネジメント理論の拡張を可能とすることを明らかにした。

　第2章での議論を踏まえるならば，スポーツマネジメント研究は，スポーツマネジメントにおける実務家がその実態や現象を分析するために使用するスポーツマネジメント理論，山城章のKAEの原理で言うところのKを提供する役割を果たしていると言える。Kは，彼らが実態や現状を捉えるフレームワークの役割を果たすものであるがゆえ，絶えざる研鑽の中でそれを発展させるだけでなく，その成果を研究コミュニティのみならず，社会に積極的に伝えていくことが求められる。そこでは，先述のように，単に意思決定に役立てるための「情報」ではなく，彼らがスポーツマネジメント現象やその実態を捉えていくための原理・原則とも言うべき根源的な理論であることが求められる。その意味では，先述のように，彼らなりの経営理論を構築することに貢献するような，すなわち骨太な経営理論の構築に資するような理論であることが求められる。

　こうして描かれたスポーツマネジメントにおける実務家による経営理論は，スポーツマネジメント研究者によって観察され，それは学術的な意味づけを与えられ，スポーツマネジメント理論へと昇華し，現在のスポーツマネジメント理論を拡張し，発展させることに貢献する。社会学者のヘイグは，「社会学理論は社会的現実のモデルであ

171

る」と捉えているが，理論は決して社会的現実全体の正確な描写ではないとしている（Hage, 1972）。それは，さながらすべてのピースのないジグソーパズルのようなものであり，与えられたピースの中で，完全な絵，すなわち社会的現実の描写を手に入れることを目指すのであり，このパズルのピースこそが理論であるとしている（Hage, 1972）。スポーツマネジメント研究者もまた，与えられたパズルのピースである一般経営学理論を基盤とするスポーツマネジメント理論により，実務家が描き出した経営理論の描写を，可能な限り正確な形で試みているのである。

その意味では，理論が実践に，その分析のための基盤を提供することにより貢献するだけでなく，実践もまた研究者の観察と，彼らによる学術的な意味づけにより，研究へと貢献するということができる。その意味では，スポーツマネジメント理論，すなわちスポーツマネジメント研究とスポーツマネジメント実践は相対立するものではなく，互いが互いを発展させることができる可能性を秘めていると言うことができよう。

第3章「わが国スポーツマネジメント教育の現状と課題—スポーツマネジメント研究との関連から—」では，わが国におけるスポーツマネジメント教育について，経営学者のミンツバーグと山城章の所説に依拠しながらにこれらの課題をどのように解決していくのかに対する提言を行った。そこでは，一般経営学理論を基盤としながら，スポーツマネジメント理論を構築し，それを基に実践経験を積み，スポーツマネジメント理論を基に自らの実践を解釈，すなわち省察することにより，最終的にスポーツマネジメント能力を啓発していくべきであり，スポーツマネジメント領域の専任教員は，一般経営学理論に基づくスポーツマネジメント理論の学識をもって，学生の省察をサポートすることにより，単なる経験の深化ではなく，より高次のスポーツマネジメント能力の啓発へとつなげていくべきであることを指摘した。

スポーツマネジメントの経営実践能力を高めるためのスポーツマネジメント教育とは，単なる実習やインターンシップなどの実践のみによっては完結せず，それを省察するための分析枠組みである一般経営学理論に基づくスポーツマネジメント理論が必要となるのであり，スポーツマネジメント教育の実践に当たる大学教員は，一般経営学理論に基づくスポーツマネジメント理論を基盤とした教育活動に当たり，学生

の実践への省察をスポーツマネジメント理論の見地からサポートすることが求められることは先述の通りである。その意味では，スポーツマネジメント教育においても，理論は，彼らの実践経験を省察し，新たな知識を創造するための分析枠組みであり，その分析枠組みを用いながら省察することにより，彼らは自らの経験をスポーツマネジメント理論の観点から意味づけし，自らのスポーツマネジメント理論を構築することを可能とするのである。その意味では，スポーツマネジメント教育においても理論と実践は相対立するものではなく，理論は実践を省察するための分析枠組みとしての機能を果たし，実践は理論のさらなる理解と吸収を促すことを可能とする。その意味では，スポーツマネジメント教育における理論と実践は，相互作用的にお互いがお互いを発展させていると言うことができる。こうしたスポーツマネジメント教育における理論と実践の創造的な発展を可能とするためにも，スポーツマネジメント教育の実践者は，非教育者である学生の思考枠組みとしての役割を果たすような一般経営学理論に基づく原理的なスポーツマネジメント理論の修得と，そうした理論に基づいた省察をサポートすることが求められるのである。「理論」が存在しない「経験（実践）」はいくら省察したところで経験の域は出ず，それを理論として昇華していくことは不可能である。また，「経験（実践）」のない「理論」は，その応用可能性を理解することができず，単なる書生論に終始することになる。この理論と実践を繋ぐ役割を果たすのがスポーツマネジメント教育の実践者（大学教員）であり，これを可能とするために彼らには，現場経験や知識だけでない，そして学術経験だけではない―そしてそれはスポーツ消費者行動に偏ることのない経営学における学識を備えた―バランスの取れた知識やマインドが求められるのである。

　以上，第1部では，スポーツマネジメントにおける対立項として扱われてきた諸要素の統合可能性について検討した。そこでは，スポーツマネジメント研究のアプローチである，体育学的アプローチと，経営学的アプローチ，コンサルティング的アプローチは相対立する研究アプローチではなく，互いが互いに足りないものを補い合いながら，そして互いの強みを活かしながらスポーツマネジメントにおける理論的な拡張を可能とすること，こうした創造的な対話を可能とするためにも共通の基盤である一般経営学理論の学修を行い，それを踏まえた理論構築を目指していくべきであること，

そしてスポーツマネジメントにおける理論と実践は相対立するものではなく，互いが互いを発展させる存在であることを確認した。しかしながら，互いが互いを発展させていくためには，一般経営学理論に基づくスポーツマネジメント理論を用いながら実践を解釈していくことが必要であることを確認した。こうして理論的な枠組みを用いながら描き出された経営理論は，スポーツマネジメント理論の拡張を促し，スポーツマネジメントにおける実務家の視野をより広いものとすることを可能にすると指摘することができる。

第2節　第2部の総括とディスカッション

　第2部「スポーツマネジメントにおける実態の検討」では，わが国におけるスポーツ組織という実践的な側面を検討した。

　第4章「わが国大学運動部組織の特性と課題—その発展史を踏まえて—」では，わが国大学運動部における中核的な価値観である勝利至上主義がいかに形成・強化されてきたのかという歴史的なプロセスと，それが今日抱える問題点と，その改善策について検討してきた。具体的には，その歴史的なプロセスとしては，勝利至上主義は，わが国においてスポーツが西洋から輸入された当時にはすでに武士道精神とミックスされ，学校教育における徳育として活用されることにより，独自の形で発展を見せたこと，戦前期には校威発揚，戦後には大学のプロモーション戦略，ブランド戦略として活用されることで強化されてきたことなどを明らかにした。また根性主義や鍛錬主義を基盤とする勝利至上主義は，1964年の東京オリンピックの大松博文率いる女子バレーや，八田一郎率いるレスリングの金メダル取得により，指導者に自らの指導法の正しさを確認させることとなり，その強化がなされたことも指摘している。しかしながら，こうした勝利至上主義は今日のわが国における大学スポーツにおいては，内向きな組織となるあまり世間の価値観との乖離が進んでいること，指導者や先輩によるいじめ・しごきなどの封建主義の弊害，横の連帯関係の強化が「負の連帯」として機能する危険性，封建主義による上に絶対服従の規律が，運動部員から自分で考えて動く自立性を奪っている危険性，根性主義，精神主義による指導者や先輩によるいじめ・しごきの正当化などの問題を引き起こしていることを指摘し，その対応策として，

運動部自らを大学コミュニティから隔離されたものではなく，その内部へと位置づけていくこと，社会との接点の確保，封建主義の見直しの三点を提起した。

第5章「わが国大学運動部組織のマネジメントの検討―クリス・アージリスの所説から―」では，経営学者のクリス・アージリスの「職務拡大」，「参加的・従業員中心的なリーダーシップ」，「組織学習」の視点と帝京大学ラグビー部の事例から，大学運動部のマネジメントの理論モデルを提示した。具体的には，本章では，大学運動部が運動部員の競技者，学生としての成長とそれによる組織成長をその目的とし，その手段として，部員達による組織運営の自治的運営というある種の職務拡大を実践させることにより，そこにおける課題を探索，発見し，改善し，時に組織を支える価値観や思考枠組み，組織ルーティンを見直し，組織文化を変革していく必要性を指摘した。

第6章「わが国中高運動部組織のマネジメントの組織論的検討―部員による自治の視点から―」では，体育教育領域の生徒の自治を主眼においた運動部活動論，クリス・アージリスの「職務拡大」と「「参加的・従業員中心的なリーダーシップ」に依拠しながらわが国における学校運動部活動の新たなマネジメントの理論枠組みを提示した。そこでは，生徒の成長を実現することを組織の目的とし，その目的を実現するため，部員による自治というある種の職務拡大の必要性について論じた。それにより，個々の部員の自立性を引き出し，部や他の部員へと自発的にコミットさせ，社会的相互作用を深め，部という組織や練習内容，試合における戦術を構築していくことを提起した。

先述のように，第4〜6章はわが国におけるスポーツ組織の実態を明らかにしている。その意味では，これらの論考は，山城章のKAEの原理で言うところの経験すなわち，Eに相当する。これら「経験」は，経験を基盤として解釈したとしても「より良質な経験」以上のアウトプットを生み出すことには繋がらない。経験はあくまでとこまで進化しても経験であり，科学には進化しない。そこにスポーツマネジメント研究におけるコンサルティング的アプローチの限界があることは先述のとおりである。経験や実践は，理論的な意味づけ，理論的な解釈をもって初めて「理論」へと昇華することが可能なのである。さらに言えば，先述のように一般経営学理論に基づくスポーツマネジメント理論を用いながら，それらを解釈し，その姿を描き出していくこと

によりひとつのスポーツマネジメント理論へと昇華することを可能とし，スポーツマネジメント理論を拡張し，さらには実務家にも有用な経営実践の基盤を提供することを可能にするのである。本書においては，クリス・アージリスなど主に経営組織論の視点から，わが国におけるアマチュアスポーツ組織の経営現象についての実態を解釈し，描き出すことに努めた。こうした試みは，スポーツマネジメント理論における若干の理論的な拡張を可能にすることに繋がったものと考えられる。一例を挙げれば，そこでは，クリス・アージリスの理論に依拠しながら，職務拡大と組織学習を基盤とする大学運動部や中高運動部のマネジメントの理論モデルを提示した。それにより，スポーツマネジメント，とりわけ運動部のマネジメントの実践と，スポーツマネジメント理論，とりわけスポーツ組織の組織論的研究への貢献が若干ではあるがなされたものと考えることができる。しかしながら，あくまでそれはスポーツマネジメントにおける理論基盤を若干拡張したに過ぎない。今後は，多面的な理論的フレームワーク（他の組織理論や経営戦略論，マーケティング論，会計学，経営財務論，コーポレート・ガバナンス論など）から多様なスポーツ組織（本書では非営利のアマチュアスポーツ組織のみを取り扱ったがプロスポーツ組織やフィットネスクラブ，スポーツ施設などの営利組織をも研究対象として含めるべきであろう）を捉えることにより，スポーツマネジメント理論における拡張の実現がなされるべきであると言うことができよう。その意味では，今後，スポーツマネジメント研究者に求められるのは，現在，理論的，実践的に注目を集めているeスポーツなど新たな研究フィールドに拡張することのみならず，依拠する理論の拡張と深化に努めていく必要があろう。この部分においては，わが国においては，学校体育を主たる研究フィールドとする体育経営学のほうが，使用する一般経営学理論の多様性が見られており，その意味ではスポーツマネジメント研究よりも進んでいると指摘することができよう。

　現行のスポーツマネジメント研究における主流な研究手法である消費者行動に依拠した研究アプローチは，スポーツ消費者（スポーツ観戦者，スポーツ参加者）の行動特性や心理を明らかにするうえでは有効なアプローチと言えるが，スポーツ組織そのもののマネジメントのあり方を明らかにするうえでは有用なアプローチではなく，先述のようにそれは，スポーツ組織の意思決定者である実務家（スポーツ組織の経営

者や現場のマネジャー）にとっての「情報」を提供するに過ぎず，彼らの使用理論を豊かにすることに貢献するものではない。スポーツマネジメントにおける「マネジメント」の側面の充実を実現するうえでも，研究アプローチの多様性が求められよう。そのためには，体育学者やスポーツマネジメントの実務従事者や実務出身の大学教員がというスポーツマネジメント研究のそれぞれの担い手が，スポーツマネジメント理論という学問が依拠する一般経営学理論の学修に努めるだけでなく，一般経営学者の「新規参入」を積極的に促していく必要があろう。そのためには，ただ単にスポーツマネジメントがひとつの現象として面白いだけではなく，スポーツマネジメントが経営学の研究対象としても魅力的であることを広く伝えていくことが求められる。そのためには，彼らが魅力的であると感じるだけでなく，研究手法として彼らが「参入」しやすいように，その研究アプローチの多様性を確保しておくことが望ましいと言える。現行のスポーツマネジメント研究は，消費者行動的な研究アプローチにおいては質・量ともに深化が進み，ノンスポーツの消費者行動論の研究に従事する研究者にとっては，比較的新規参入しやすい領域となっているという印象がある（日本スポーツマネジメント学会の全国大会において，ノンスポーツの消費者行動論の研究者が研究報告を行ったり，共同報告者に名前を連ねるケースが増えている）。しかしながら，依然として消費者行動以外の研究アプローチは少なく，例えば経営戦略論や経営組織論の研究者にとっては，スポーツを研究のフィールドに選定する「参入障壁」は高いと言える。第1章でも論じたように，スポーツ，マネジメント，実践の3つの視点から研究を拡充させていくためにも，一般経営学を専門とする研究者の参入ルートを確保する必要があると考えられる。「スポーツ消費者行動」ではなく，「スポーツマネジメント」という名称通りの研究活動を展開していくためにも，研究アプローチ，手法，研究視点の多様化が早急に求められよう。

　各研究者が各々のバックボーンを活かし，一般経営学を踏まえた研究活動を展開し，その建設的な対話の中で社会的に構築されたスポーツマネジメント理論こそが，スポーツマネジメント領域の実務家の経営実践に対して有効な思考の基盤を提供することを可能とする，すなわち学術的にも，実践的にも含意のある理論となると言えよう。

図表 7-1　議論のまとめ

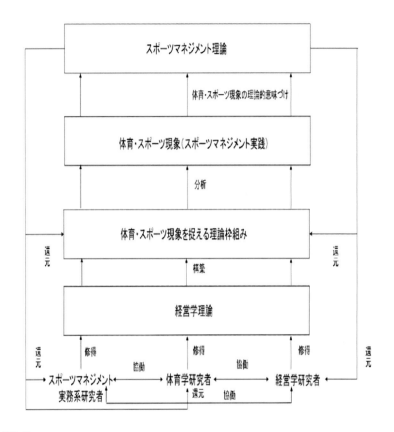

筆者作成

第3節　小括

　以上，本章では，本書における今までの議論を総括しながら，理論─実践，スポーツマネジメントにおける研究アプローチの体育学的アプローチ─経営学的アプローチ─コンサルティング的アプローチというスポーツマネジメントにおける対立項の統合可能性を提示することにより，新たなスポーツマネジメント理論の構築を試みた。そこでは，スポーツマネジメントにおける各研究アプローチである体育学的アプローチ，経営学的アプローチ，コンサルティング的アプローチの研究者が，一般経営学理

178

論を基盤としてスポーツマネジメント理論を構築し，それを自らの分析枠組みとした上で，互いの得意領域を活かしながらスポーツマネジメント現象を解釈し，理論的な意味づけを与えていくことにより，新たなスポーツマネジメント理論をその相互作用の過程で社会的に構築していくことができる可能性があること，こうした実践の中で経営学的に意味づけられたスポーツマネジメント理論は，既存のスポーツマネジメント理論の拡張を可能にし，スポーツマネジメント現象を捉えるための理論的枠組みを豊かなものにすることを確認した。その意味では，スポーツマネジメントにおいて対立項とされてきたものは，互いに互いを発展させるものであること，互いに互いを発展させ合いながら，最終的にスポーツマネジメントにおける理論と実践を統合的に発展させることができることを確認した。以上を図示したものが図表 7-1 である。図表 7-1 からも分かるように，スポーツマネジメント理論は，研究者によるスポーツマネジメント理論，そして経営学理論を基盤としたスポーツマネジメント現象の分析の継続的な活動の中で漸進的に進化していくことが可能となる。森本 (1999) なども，KAE の原理は，時間の概念を内包した進化論的接近として理解されなければならないとしており，いかに理論を実践を漸進的に進化させていくべきかという視点を包摂することは重要であると言えよう。

注

[1] 一例を挙げると，2016 年 12 月に近畿大学にて開催された日本スポーツマネジメント学会第 9 回大会にて報告した社会心理学者の追手門学院大学経営学部准教授（報告当時）の石盛真徳など（追手門学院大学ホームページ「研究者総覧」参照）。石盛の報告論題は，「2015 年ラグビーワールドカップの盛り上がり以降のラグビーイメージ：テキストマイニングによる一般大学生とサンウルブス戦観戦者のイメージの分析」であった（日本スポーツマネジメント学会ホームページ「日本スポーツマネジメント学会第 9 回大会一般研究発表スケジュール」参照）。

終章　本書の貢献，限界と今後の研究課題

　最終章である本章では，本書における結論を確認し，本書におけるスポーツマネジメントにおける先行研究や，スポーツマネジメント実践に対する貢献，そして研究としての限界と，それを踏まえての筆者の今後の研究課題を明らかにしたい。

第1節　結論

　本書では，スポーツマネジメント研究における理論的な拡張を目指すべく，新たなスポーツマネジメント理論の構築をその研究課題とした。具体的には，スポーツマネジメントにおける対立項であった理論と実践，スポーツマネジメントにおける研究アプローチである体育学的アプローチ，経営学的研究アプローチ，コンサルティング的アプローチの統合可能性を示すことにより，それを試みようとした。本書においては，一般経営学理論を基盤としたスポーツマネジメント理論を用いながらスポーツマネジメント現象，実践を捉えることにより，スポーツマネジメント現象，実践を理論的に捉えることを可能とするだけでなく，そこに理論的な意味づけを与えることを可能にすることにより，その現象や実践を新たなスポーツマネジメント理論へと昇華することを可能にし，スポーツマネジメント理論の拡張を可能にし，新たなスポーツマネジメント現象を捉える理論枠組みとなることを明らかにした。その意味では，スポーツマネジメントにおける理論と実践は相対立するものではなく，互いに互いを発展させる存在であることを確認した。また，スポーツマネジメント研究においては，体育学的アプローチ，経営学的研究アプローチ，コンサルティング的アプローチの各研究者が共通の理論基盤である一般経営学理論の学修を基に，スポーツマネジメント現象や実践を捉える分析枠組みの構築を試みるだけでなく，一般経営学理論という共通の基盤を有した上で，対話，協働を重ねることにより，互いに互いの長所を持ち合いながら，それを活かしあうことにより，スポーツマネジメントという学問をより高度な方向に社会的に構築していくことができる可能性を示唆した。上記の議論は主に第1部にて行った。

　また第2部においては，上記で導出した結論の妥当性を検証すべく，大学スポーツ，

中高運動部活動というわが国における実際のスポーツ組織の実態を明らかにし，経営学的（主に経営組織論的）な視点から，分析視角を提示し，スポーツ組織を捉えなおしてみることにより，スポーツマネジメント研究の理論的な拡張と，それによるスポーツマネジメント実践への貢献を試みた。

第2節　本書の貢献

　本節では，本書におけるスポーツマネジメント研究と実践への貢献を明らかにしたい。

　まず一点目の貢献は，スポーツマネジメント研究の展開可能性への貢献である。本書の議論を通して筆者は，スポーツマネジメント研究とは，スポーツ経営体における経営現象を明らかにする営みであるとし，わが国における既存のスポーツマネジメント研究のスポーツ消費者行動研究への偏りを指摘した上で，真の意味で，スポーツ経営体の経営活動に主眼を置いた，経営現象を明らかにしていくためには，既存のスポーツ観戦者，スポーツ参加者の行動や心理の解明に焦点を当てたスポーツ消費者行動を基盤とする体育学的アプローチのみでは限界があり，組織の経営活動に焦点を当てている経営学的アプローチやコンサルティング的アプローチの視点も包摂しながらスポーツマネジメント研究へとアプローチする必要性を論じた。スポーツマネジメント研究が，今後こうした視点を包摂することにより，文字通りのスポーツ「マネジメント」として発展していくことが可能になるものと確信している。こうした指摘は，すでに30年近く前にスラック（1994）によってもなされてはいるものの，スラックの指摘から30年近く経過した今日筆者によって再度指摘された上で，その具体的な方法を提言されるという意味では，その実態は，30年近く前のアメリカでも，今日の日本でも大きくは違いがないと指摘することもできよう。

　二点目の貢献は，スポーツマネジメント理論と実践との関係のあり方を，相互作用的な発展モデルとして捉え，提示したことが挙げられる。「理論と実践」との乖離は，スポーツマネジメントの親学問に相当する一般経営学においても指摘されている事象である。

　経営実践で求められる（実務家が求めている）のは，実務家が置かれているコンテ

クストにおける特殊解であり，実務家が経営学とその担い手である経営学者に求める
のは抽象的，一般的な経営理論ではなく，自らの経営実践における「特効薬」である
一方で，経営学者の手による経営学が提供できるものは，複数の企業における特殊解
を集め，それを帰納法的に一般解として昇華した経営理論である。そこに，そもそも
の需要と供給のミスマッチが存在している（大野，2020d）。

　本書では，スポーツマネジメント研究が，スポーツマネジメント実践に提供すべき
ものは，意思決定に活用する情報に留まるべきではないことを再三指摘した。具体的
には，スポーツマネジメント研究において実務家に提供すべきは，彼らが自らが身を
置いている実態や現象を分析するための使用理論―そしてそれは彼らの分析枠組み
となる―であり，その使用理論を豊かにすることこそが，スポーツマネジメント研究
の，スポーツマネジメント実践への貢献であるとした。そして，スポーツマネジメン
ト研究者は，スポーツマネジメントにおける実務家のスポーツマネジメント理論を用
いた経営実践を観察し，それを理論的に解釈し，そこに理論的な意味付けを行うこと
により，それを新たなスポーツマネジメント理論へと昇華させ，スポーツマネジメン
ト理論を拡張していくべきであることを論じた。スポーツマネジメント理論の拡張は，
実務家が使用する使用理論をより豊かなものへとしていくことを可能とする。その意
味では，スポーツマネジメント研究者は，絶えず，実務家が使用する使用理論の基盤
となるスポーツマネジメント理論を豊かなものするべく，実務家による経営実践の観
察と，彼らの経営実践の理論的な解釈や意味づけによる新たなスポーツマネジメント
理論の構築と更新に努めなければならないということである。このように，本書では，
スポーツマネジメント研究者と実務家とが，その協働により，相互作用的にスポーツ
マネジメント理論と実践をより豊かなものにするという関係性のあり方を示すこと
ができた。この部分は，本書における貢献と言えるであろう。

　三点目は，実際のスポーツ組織の経営実践への貢献が挙げられる。本書においては，
特に第2部において，わが国におけるスポーツ組織の組織特性や実態，現状，問題点
や課題を明らかにした。そこにおいては，筆者の理論基盤である経営組織論を持ちな
がら，その問題点を明らかにし，課題の提示や，マネジメントの理論モデルの構築を
試みた。ヘイグ（1972）も指摘しているように，研究者が社会的な現実の説明を試み

るのは，ピースのないジグソーパズルを完成させるようなものであり，研究者は，理論という与えられたピースの中で，完全な絵，すなわち社会的現実の描写を手に入れることを目指さなければならない（Hage, 1972）。本書においては，組織論という筆者が有するパズルのピースから，大学スポーツ，中高運動部活動という実際のわが国におけるスポーツ組織の問題点や課題，マネジメントモデルの構築を試みた。こうした作業の中で，明らかにされた現実や今後の対応策なども明確になった部分もあると言えよう。それだけでなく，本書における議論は，後続のスポーツマネジメントの組織論的な研究への先行研究としての役割を果たすものとなっているとも言える。その意味で，今後，後続の研究が続出することを期待したい。

第3節　本書の限界と今後の研究課題

　前節のようなスポーツマネジメント研究と実践に対する貢献はあるものの，本書に問題点がないわけではない。本書における問題点および限界と，それを踏まえた筆者の今後の研究課題を紹介することにより，本書を終えることとしたい。

　まず一点目に指摘できるのは，本書における指摘の現実的妥当性である。本書は主に文献研究に依拠した理論的な検討に終止している。その意味では，本書における結論がどのくらいの妥当性を有しているのか検討の余地がある。その意味では，今後は，自らが実験台となり，その研究活動の中で，本書で示した理論と実践との関連性について身をもって行動しながら明らかにしていくことが求められよう。

　二点目に指摘できるのは，第2部におけるスポーツ組織分析における一次資料の不足であろう。二次資料を中心とした研究アプローチは，本書における読者の検証を可能にするというメリットはあったものの，調査対象であるスポーツ組織の経営実践のよりミクロ的な側面を明らかにすることはできなかった。その意味では，今後，フィールドワークなどの参与観察や，スポーツ組織における従業者へのインタビューサーベイを通じた一次資料の収集により，スポーツ組織におけるミクロ的な実践を明らかにしていくことにより，その問題をよりリアルな形で描き出し，そこに経営学的な解釈や意味付けを与えることにより，より良質なスポーツマネジメント理論を構築することに貢献したい。

最後，三点目であるが，スポーツマネジメントにおける各研究アプローチの協働，対話による相互作用的な発展の具体的なモデルの提示である。本書においては，スポーツマネジメント研究における各研究アプローチが互いに互いの長所を持ち寄りながら，より高度な学問としてのスポーツマネジメント研究を社会的に構築していくことができることを論じた。しかしながら，それが具体的にどのような対話や相互作用を経て，社会的に構築されていくのかという理論モデルを明らかにするまでは至らなかった。それを明らかにすることが筆者の第三の研究課題となろう。しかしながら，実態においては，この三者が協働に向かっているとは言い難く，実際の協働事例に依拠しながら理論モデルを提示していくことは困難であると言えるであろう。そうではあるものの，スポーツマネジメントを研究として発展させていくためには，現行のスポーツマネジメント研究に足りないものを補い，発展していくことこそが望ましいと言える。スポーツマネジメントだけではなく，他学問の取り組み事例なども視野に入れながら，この理論モデルの構築を試みていくことにしたい。

　以上，三点が本書における限界であり，筆者の今後の研究課題となる。このような限界はあるものの，本書が，わすがではあると思われるものの，わが国のスポーツマネジメント理論を拡張し，スポーツマネジメント実践に貢献できるものであるならばまたとない幸いである。

　末筆になるが，COVID-19 の蔓延により，今後社会のあり方は大きく変わっていくであろう。実際に Zoom などを活用したオンライン講義や，オンライン会議の導入など，筆者が身を置く大学においても「当たり前」となりつつあり，その業務のあり方が大きく変わろうとしている。もちろん本書が研究の対象としているスポーツも例外ではなく，今後，スポーツやそのマネジメントを研究対象とするスポーツマネジメントのあり方も大きく変わっていくことが予想される。スポーツマネジメントが学問として，そして経営実践として，未知なるウイルスと戦い，そこにどのように対応していくべきなのか。これは筆者だけではなく，スポーツマネジメントを研究の対象とする者すべてに課せられた研究的，そして実践的な課題であると言えよう。それを実践していくためにも，未知の問題を捉えていくためにも，スポーツマネジメント研究者が共有する理論を各々の研究者の社会的構築によりそれを洗練化させていくこと，そ

して，スポーツマネジメント理論構築の担い手である各々の研究者がその土台となる一般経営学の修得を含め，日々の研鑽を積み重ねていくことこそが求められよう。

参考文献一覧

足立名津美・松岡宏高（2018）「プロスポーツクラブのプロダクトの特性の検討：製品間競争に着目して」『スポーツマネジメント研究』第10巻第1号，59-80頁

Adamson, G., Jones, W. & Tapp, A.（2005），"From CRM to FRM : Applying CRM in the Football Industry," *Database Marketing & Customer Strategy Management*, Vol.13, No.2, pp.156-172.

赤岡広周（2009）「中央競技団体の戦略と組織」『經濟學研究』第59巻第2号，49-56頁

Alison, J.（1996），"Resource Dependence-Based Perceived Control : An Examination of Canadian Interuniversity Athletics," *Journal of Sport Management*,Vol.10,pp.46-64.

Amis, J., Pant, N., & Slack, T.（1997），"Achieving a Sustainable Competitive Advantage : A Resourced-Based View of Sport Sponsorship," *Journal of Sport Management*, Vol.11, pp.80-96.

新雅史（2004）「企業スポーツの歴史社会学―『東洋の魔女』を中心に―」『ソシオロゴス』第28号，136-150頁

新雅史（2013）『「東洋の魔女」論』イースト・プレス

Argyris, C.（1951），*Personality and Organization,* Harper & Row.（伊吹山太郎・中村実『新版 組織とパーソナリティ―システムと個人との葛藤―』日本能率協会, 1970年）

Argyris, C.（1964），*Integrating the Individual and the Organization,* John Wiley & Son.（三隅二不二・黒川正流訳『新しい管理社会の探求（第三版）』産業能率短期大学出版部, 1969年）

Argyris, C.（1999），*On Organizational Learning(2nd ed)*, Blackwell.

Argyris, C. & Schön, D.（1978），*Organizational Learning : A Theory of Action Perspective*, Addison-Wesley.

Argyris, C. & Schön, D.（1996），*Organizational Learning II: Theory, Method, and Practice*, Addison-Wesley.

備前嘉文・辻洋右・棟田雅也（2019）「日本の大学におけるスポーツマネジメント教育の現状と課題：この10年で日本のスポーツマネジメント教育はどう変わったか」『スポーツマネジメント研究』第11巻第1号，37-46頁

Chelladurai, P.（1990），"Leadership in Sports : A Review," *International Journal of Sport Psychology*, Vol.21, pp.328-354.

Chelldurai, P.（1994），"Sport Management : Defining the Filed," *European Journal of Sport Management*, Vol.1, pp.7-21.

Chelladurai, P.（2017），*Managing Organization for Sport and Physical Activity : A System Perspective Second Edition*, Routledge.

Chelladurai, P. & Saleh, S. D.（1980），" Dimensions of Leader Behavior in Sports : Development of Leadership Scale," *Journal of Sport Psychology*, Vol.2, pp.34-45.

Chelladural, P., Imamura, H., Yamaguchi, Y., Oinuma, Y. & Miyauchi, T.（1988），" Sport Leadership in a Corss-National Setting : The Case of Japanese and Canadian University Atheles," *Journal od Sport & Exercise Psychology*, Vol.10, pp.374-389.

筑紫智行 (2003)「体育経営管理研究の展開―スポーツ経営学の歴史的研究の一環として―」『日本体育大学紀要』第 32 巻第 2 号，131-148 頁

趙倩穎・北村薫・依田充代・内藤久士 (2019)「日本および中国における地域スポーツクラブの組織文化に関する比較研究」『スポーツ産業学研究』第 29 巻第 1 号，5-23 頁

中央教育審議会 (1999)『初等中等教育と高等教育との接続の改善について（答申）』文部科学省

Cuneen, J. & Parks, J. B. (1997), "Should We Serve Sport Management Pracitice or Sport Management Education ? : A Response to Weese's Perspective," *Journal of Sport Management*, Vol.11, pp.125-132.

大松博文 (1963)『おれについてこい！』講談社

大松博文 (1964)『なぜば成る！』講談社

大松博文 (1974)「コーチ概論」『東海大学紀要　体育学部』第 4 号，147-154 頁

江尻容・宇土正彦 (1963)『改訂　学校体育の経営管理』光生館

Fielding, L. W., Pitts, B. G.& Miller, L. K. (1991), "Defining Quality : Should Educators in Sport Management Programs be Concerned about Accreditation ?," *Journal of Sport Management*, Vol.5, pp.1-17.

藤田雅文 (2000)「中学校運動部顧問の管理行動に関する研究―女子バスケットボール部顧問を対象として―」『鳴門教育大学研究紀要　生活・健康編』第 15 巻，19-26 頁

藤田雅文 (2014)「高等学校の競技成績の規定要因に関する研究」『鳴門教育大学研究紀要』第 29 巻，376-384 頁

藤田雅文・松原文和 (1992)「運動部顧問の管理者行動に関する研究―中学校サッカー部の顧問を対象として―」『体育・スポーツ経営学研究』第 9 巻第 1 号，1-12 頁

藤田雅文・吉田哲也 (2010)「中学校運動部顧問の管理行動に関する研究―競技成績との関連性―」『鳴門教育大学研究紀要』第 25 巻，347-353 頁

藤田雅文・佐藤安通 (2017)「高等学校硬式野球部監督の言葉に関する研究―甲子園大会出場チームの監督を対象として―」『鳴門教育大学研究紀要』第 32 巻，506-513 頁

福田拓哉・吉留広大 (2015)「プロスポーツ組織における公式ファン組織の戦略的活用に向けた学術研究と実務実践の相互関係：アルビレックス新潟後援会のケース」『地域活性化ジャーナル』第 21 号，63-71 頁

舟橋弘晃 (2018)「スポーツマネジメントを学べる大学院」『現代スポーツ評論』第 39 号，116-125 頁

Galbraith, J. R. (2002) ,*Designing Organizations*, Jossey-Bass.

八丁茉莉佳・畑攻・柴田雅貴・佐伯徹郎・吉田孝久・佐々木直基 (2015)「伝統的な大学女子運動部における組織マネジメントに関する基礎的研究」『日本女子体育大学紀要』第 45 巻，51-62 頁

八丁茉莉佳・亀井良和・柴田雅貴・佐々木直基・畑攻 (2016)「チームスポーツ系運動部のモラールに関する基礎的検討」『日本女子体育大学紀要』第 46 号，41-53 頁

Hage, J. (1972) , *Techniques and Problems of Theory Construction in Sociology*, John Wiley &

Sons.（小松陽一・野中郁次郎訳『理論構築の方法』白桃書房，1978年）

原田宗彦（2013）「ヨーロッパにおけるスポーツマネジメント人材育成の現状と日本における教育環境の整備に関する一考察」早稲田大学スポーツナレッジ研究会編『スポーツマネジメント教育の課題と展望』創文企画，91-106頁

原田宗彦（2015）「進化するスポーツ産業」原田宗彦編著『スポーツ産業論（第6版）』杏林書院，2-17頁

原田尚幸（2010）「プロ野球観戦者のチーム・ロイヤリティと観戦行動」日本経営学会第84回大会報告資料

Hardy, S.（1987），"Graduate Curriculums in Sport Management : The Need for a Business Orientation," *Quest*, Vol.39, No.5, pp.207-216.

畑喜美夫（2013）『子どもが自ら考えて行動する力を引き出す魔法のサッカーコーチング　ボトムアップ理論で自立心を養う』カンゼン

八田一朗（1979）『私の歩んできた道』立花書房

ヒル・ジェフリー（2013）「スポーツ産業における専門的職業人の教育：FIFAマスターの役割」早稲田大学スポーツナレッジ研究会編『スポーツマネジメント教育の課題と展望』創文企画，68-74頁

平田竹男（1991）「スポーツ産業の規模の推移について」『スポーツ産業学研究』第1巻第1号，17-22頁

平田竹男（1997）「スポーツ係数の提唱について―スポーツ係数でみるスポーツ産業の変遷―」『スポーツ産業学研究』第7巻第1号，1-17頁

平田竹男（1998）「スポーツ係数でみる世帯主収入五分位階級別スポーツ支出の推移―オリンピック年（68年72年76年80年84年88年92年）を中心に―」『スポーツ産業学研究』第8巻第1号，29-37頁

平田竹男・能知大介・佐藤佑樹（2011）「スポーツ係数でみる1993年以降のスポーツ産業の変遷に関する研究―品目別・年代別・世帯主収入五分位階級別スポーツ支出の推移―」『スポーツ産業学研究』第21巻第2号，133-139頁

広瀬一郎（2007）「スポーツ産業界におけるビジネスマネジメントナレッジの整理及び人材育成の課題」『体育・スポーツ経営学研究』第22巻，35-47頁

久富健治（2019）「スポーツ言説の特徴とスポーツ産業のイノベーションの関係について」『実践経営』第56号，135-144頁

Hums, M. A., & MacLean, J. C. (2008), *Governance and Policy in Sport Organization* (2nd ed.), Holcomb Hathaway Publisher.

石橋修（2017）「高等教育機関におけるスポーツマネジメント教育の展開と課題」『産業文化研究』第26号，19-27頁

石井昌幸（2013）「レジャー史・スポーツ史とスポーツ・ナレッジ」早稲田大学スポーツナレッジ研究会編『スポーツマネジメント教育の課題と展望』創文企画，52-66頁

一小路武安（2018）「危機状態と危機寸前状態の組織におけるリーダー変更と危機疲れの影響―サッカーJリーグにおける2部降格チーム・降格寸前チームの比較分析―」『組織科学』第51巻第3号，4-18頁

入山章栄（2012）『世界の経営学者はいま何を考えているのか　知られざるビジネスの

知のフロンティア』英治出版

伊藤豊彦（2017）「競技への動機づけと知的理解」日本コーチング学会編『コーチング
　　学への招待』大修館書店，183-189 頁

岩出雅之（2010）『帝京スポーツメソッド　信じて根を張れ！　楕円のボールは信じる
　　ヤツの前に落ちてくる』小学館

岩出雅之（2018）『常勝集団のプリンシプル　自ら学び成長する人材が育つ「岩出式」
　　心のマネジメント』日経 BP 社

岩出雅之・森吉弘（2015）『負けない作法』集英社

Jarzabkowski, P.（2005），*Strategy as Practice : An Activity-Based View*, Sage.

Johnson, G., Langley, A., Melin, L. & Whittington, R.（2007），*Strategy as Practice*, Cambridge
　　University Press.（高橋正泰監訳『実践としての戦略—新たなパースペクティブの
　　展開—』文眞堂，2012 年）

神谷拓（2008）「城丸章夫の運動部活動論」『生活指導研究』第 25 号，71-94 頁

神谷拓（2015）『運動部活動の教育学入門—歴史とのダイアローグ』大修館書店

神谷拓（2016）『生徒が自分たちで強くなる運動部活動—「体罰」「強制」に頼らない
　　新しい組織づくり』明治図書

神谷拓・高橋健夫（2006）「中村敏雄の運動部活動論の検討」『体育科教育学研究』第
　　22 巻第 1 号，1-14 頁

川辺光（1980）「日本人のスポーツ観の構造的特質」『東京外国語大学論集』第 30 号，
　　251-269 頁

橘川武郎（2009）「プロ野球の危機と阪神タイガース—ファンの懸念—」『一橋ビジネ
　　スレビュー』第 56 巻第 4 号，62-73 頁

橘川武郎・奈良堂史（2009）『ファンから観たプロ野球の歴史』日本経済評論社

菊幸一（1993）『「近代プロ・スポーツ」の歴史社会学—日本プロ野球の成立を中心に
　　—』不昧堂出版

小林至（2017）「ドラフト制度導入以降の NPB 選手の出身母体の変遷」『スポーツ科学
　　研究』第 14 号，90-104 頁

高津勝（1994）『日本近代スポーツ史の底流』創文企画

久保正秋（1980a）「運動部集団の原理的考察—伝統とその継承の原理」『東海大学紀要
　　体育学部』第 9 号，11-20 頁

久保正秋（1980b）「運動部集団の原理的考察 II —封建制と勝利追求について—」『東海
　　大学紀要　体育学部』第 10 号，1-10 頁

Levitt, B. & March, J. B.（1988），"Organizational Learning," *Annual Review of Sociology*, Vol.14,
　　pp.95-112.

Li, M., Hofacre, S. & Mahony, D.（2001），*Economics of Sport*, Fitness Information Technology.

Mahony, D. F., Madrigal, R. & Howard, D.（2000），"Using the Psychological
　　Commitment to Team（PCT）Scale to Segment Sport Consumers Based on Loyalty,"
　　Sport Marketing Quarterly, Vol.9, No.1, pp.15-25.

間野義之（2013）「スポーツクラブマネジャーの養成制度—日本体育協会のマネジメン
　　ト資格と JFA スポーツマネジャーズカレッジ」早稲田大学スポーツナレッジ研究
　　会編『スポーツマネジメント教育の課題と展望』創文企画，108-120 頁

増田茂樹（2009）「実践経営学と経営財務の理論」日本経営教育学会編『講座／経営教育①　実践経営学』中央経済社，40-84 頁

桝本直文（2001）「学校運動部論―『部活』はどのような身体文化を再生産してきた文化装置なのか―」杉本厚夫編著『体育教師を学ぶ人のために』世界思想社，262-280 頁

松本泰介（2020）「中央競技団体に関するスポーツガバナンス再考―法学からの整理」早稲田大学スポーツナレッジ研究会編『これからのスポーツガバナンス』創文企画，9-21 頁

松野将宏（2005）『地域プロデューサーの時代―地域密着型スポーツクラブ展開への理論と実践―』東北大学出版会

松野将宏（2013）『現代スポーツの制度と社会的構成―スポーツの地域密着戦略―』東北大学出版会

松野光範（2009）「イノベーションのホリスティック・アプローチ―スポーツが示唆するイノベーションの本質―」同志社大学大学院総合政策科学研究科博士論文

松岡宏高（2008）「日本におけるスポーツマネジメント教育の現状と課題」『研究紀要』第 5 巻，71-76 頁

松岡宏高（2010）「スポーツマネジメント概念の再検討」『スポーツマネジメント研究』第 2 巻第 1 号，33-45 頁

松岡宏高（2013）「クラブマネジャー養成制度について考える」早稲田大学スポーツナレッジ研究会編『スポーツマネジメント教育の課題と展望』創文企画，121-134 頁

松岡宏高・藤本淳也・大野貴司（2010）「スポーツマネジメント教育の現状と課題」『スポーツマネジメント研究』第 2 巻第 1 号，107-118 頁

Meyer, A., Tsui, D. Anne, S. & Hinings, C. R.（1993），"Configurational Approaches to Organizational Analysis," *Academy of Management Journal*, Vol.36, pp.1175-1195.

Miller, D.（1986），"Configurations of Strategy and Structure," *Strategic Management Journal*, Vol.7, pp.233-249.

Miller, D.& Friesen, P. H.（1984），*Organizations : A Quantum View*, Prentice-Hall.

南龍久（2008）「組織変革と組織学習」亀田速穂・高橋敏朗・下崎千代子『環境変化と企業変革―その理論と実践―』白桃書房，61-76 頁

Mintzberg, H.（2004），*Managers not MBAs*, Berrett-Koehler Publishers.（池村千秋訳『MBA が会社を滅ぼす～正しいマネジャーの育て方』日経 BP 社，2006 年）

Mintzberg, H.（2009），*Managing*, Berrett-Koehler Publishers.（池村千秋訳『マネジャーの実像　「管理職」はなぜ仕事に追われているのか』日経 BP 社，2011 年）

Mintzberg, H. & Waters, J.（1985），"Of Strategies, Deliberate and Emergent," *Strategic Management Journal*, Vol.6, pp.257-272.

Mintzberg, H., Ahlstrand, B. W. & Lampel, J.（1998），*Strategy Safari,* Free Press.（齋藤嘉則監訳『戦略サファリ』東洋経済新報社，1999 年）

水野誠・三浦麻子・稲水伸行編著（2016）『プロ野球「熱狂」の経営科学：ファン心理とスポーツビジネス』東京大学出版会

文部科学省編・発行（2008）『中学校学習指導要領』

文部科学省編・発行（2009）『高等学校学習指導要領』

文部科学省編・発行（2013）『体罰の実態把握について（第2次報告）』

文部科学省編・発行（2017）『大学スポーツの振興に関する検討会議最終とりまとめ〜大学のスポーツの価値向上に向けて〜』

文部科学省編・発行（2019）『体罰の実態把握について（平成30年度）』
https://www.mext.go.jp/content/20191224-mxt_zaimu-000003245_H30_taibatsuzittai.pdf
（最終アクセス2020年7月18日）

森本三男（1999）「実践経営学と経営教育—日本経営教育学会の軌跡—」森本三男編著『実践経営の課題と経営教育』学文社，2-18頁

Mullin, B.（2000），"Characteristics of Sport Marketing," In Appenzeller, H. & Lewis, G., *Successful Sport Management*, Carolina Academic Press, pp.181-188.

武藤泰明（2008）『スポーツファイナンス』大修館書店

武藤泰明（2011）「大相撲のファイナンス：その安定性と健全性について」『スポーツマネジメント研究』第3巻第1号，61-76頁

武藤泰明（2013）「日本におけるスポーツマネジメント教育の方向性」早稲田大学スポーツナレッジ研究会編『スポーツマネジメント教育の課題と展望』創文企画，22-38頁

武藤泰明（2017）「放映権料配分ルールの変更はプロサッカーリーグの価値にどのような影響を与えるのか」『スポーツ産業学研究』第27巻第1号，13-16頁

長倉富貴（2014）「山梨学院大学の授業を活用した地域連携事業の試み〜スポーツマネジメントプログラムの実践教育の試み〜」『山梨学院大学経営情報学論集』第20号，111-130頁

永島惇正（1974）「スポーツにおける社会関係と人間形成—スポーツ規範の存在構造を手がかりに—」『新体育』第44巻第6号，422-425頁

永田靖（2010）「スポーツマネジメントにおける財務および会計の位置づけ—スポーツ組織の特性—」『広島経済大学経済研究論集』第33巻第3号，29-39頁

長積仁・佐藤充宏・垂井二三子（2002）「クラブ組織における組織文化が組織の自律性に及ぼす影響〜硬直化した大学運動部の組織活性化にかかわる協働と変革に対する組織の様相〜」『徳島大学総合科学部　人間科学研究』第10号，29-46頁

中比呂志（2017）「運動部活動の運営体制と資源」柳沢和雄・清水紀宏・中西純司編著『よくわかるスポーツマネジメント』ミネルヴァ書房，26-27頁

中村聡（2013）「Jリーグにおける人材開発」早稲田大学スポーツナレッジ研究会編『スポーツマネジメント教育の課題と展望』創文企画，81-90頁

中村敏雄著，中西匠・森敏生編（2009）『中村敏雄著作集　第4巻　部活・クラブ論』創文企画

中西純司（2009）「学校運動部改革のためのイノベーション戦略」黒須充編著『総合型地域スポーツクラブの時代　第1巻　部活とクラブの協働』創文企画，39-56頁

中塚義実（2013）「『仕組み』を変えてスポーツ観を見直そう！　高校部活動における取組み」森川貞夫編著『日本のスポーツ界は暴力を克服できるか』かもがわ出版，163-178頁

中澤篤史（2014）『運動部活動の戦後と現在　なぜスポーツは学校教育と結び付けられるのか』青弓社

永島惇正 (1974)「スポーツにおける社会関係と人間形成—スポーツ規範の存在構造を手がかりに—」『新体育』第44巻第6号，422-425頁

奈良堂史 (2006)「プロ野球ビジネスの競争戦略—スポーツ・マネジメントにおける"地域密着"の再解釈—」『横浜市立大学大学院院生論集』第12号，43-60頁

奈良堂史 (2020)「スポーツビジネスの特異性—経営学（特にサービスマネジメント）の視点から」大野貴司編著『現代スポーツのマネジメント論—「経営学」としてのスポーツマネジメント序説—』三恵社，75-91頁

NHK「仕事のすすめ」制作班編 (2010)『柳井正　わがドラッカー流経営論』NHK出版

村木征人 (1995)「スポーツ・ティームの組織形態とコーチの役割—日本の大学運動部における諸問題に関連して—」『筑波大学運動学研究』第11号，29-43頁

中村英仁・岡本純也・江頭満正・金子史弥 (2010)「なぜ『ツール・ド・おきなわ』の参加者は増加したのか：マーケティング戦略にみる供給サイドの資源依存関係マネジメント」『スポーツ産業学研究』第20巻第2号，173-189頁

二瓶雄樹・桑原康平 (2012)「団体スポーツにおける個人を活かすチーム・マネジメント—C大学女子ソフトボール部の実践例—」『スポーツパフォーマンス研究』第4号，16-25頁

日本スポーツマネジメント学会編・発行 (2013)『日本スポーツマネジメント学会第6回大会号』

日本スポーツマネジメント学会第9回大会実行委員会編・発行 (2016)『日本スポーツマネジメント学会第9回大会号』

西谷勢至子 (2008)「組織学習に関する学説研究—既存研究の問題点と新たな方向性—」『三田商学研究』第50巻第6号，325-346頁

西崎信男 (2011)「プロチームスポーツとガバナンス〜英国プロサッカーリーグを中心に〜」長崎大学大学院経済学研究科博士論文

西崎信男 (2017)「プロフェッショナルラグビーの経営学，その成長への組織と戦略」『日本経営診断学会論集』第17号，135-140頁

野上真 (1999)「大学運動部主将の圧力P，計画P，Mと部員のモラール　PMリーダーシップ論に基づく提言」『スポーツ社会学研究』第7号，55-61頁

野崎武司・上村典昭 (1993)「日本的スポーツ集団研究の現状と課題」『香川大学教育学部研究報告　第8部』第88号，1-21頁

小笠原悦子 (2008)「日本の大学におけるスポーツマネジメントのカリキュラムの今後のあり方」『研究紀要』第5号，85-92頁

小椋博・亀山佳明・久保和之・東元春夫・平井肇・小谷寛二 (2014)「我が国大学スポーツの戦後史—その理念・目標・組織・運営等の検討—」『龍谷大学国際社会文化研究所紀要』第16号，201-217頁

大井義洋 (2018)「プロサッカーリーグの成長メカニズム—プロ・サッカーリーグが創出するビジネス・エコシステム戦略」中央大学大学院戦略経営研究科博士論文

老平崇了 (2016)「スポーツ団体・組織におけるガバナンス—社会的責任を視野に入れて—」『経営行動研究年報』第25号，92-96頁

岡部祐介 (2018)「高度経済成長期におけるスポーツ実践の思想：バレーボール指導者・

大松博文に着目して」『経済系』第 274 集，11-23 頁

岡本純也 (2004)「大学スポーツが抱える今日的問題」『一橋大学スポーツ研究』第 23 号，35-40 頁

岡本純也 (2006)「大学運動部の現在」友添秀則編『現代スポーツ評論』創文企画，36-45 頁

大河内暁男 (1979)『経営構想力』東京大学出版会

大野貴司 (2010)『プロスポーツクラブ経営戦略論』三恵社

大野貴司 (2014)「スポーツマネジメント 4 つの研究課題」『岐阜経済大学論集』第 47 巻第 2・3 号，109-129 頁

大野貴司 (2016)「大学運動部における監督の役割の組織論的検討」『日本近代學研究』第 53 号，403-426 頁

大野貴司 (2017)「わが国大学運動部における『勝利至上主義』とその緩和策に関する一考察」『東洋学園大学紀要』第 26 号，105-121 頁

大野貴司 (2018a)「学校運動部活動のマネジメントの組織論的研究―『強制によるマネジメント』から『部員自治によるマネジメント』の転換にむけて―」『東洋学園大学紀要』第 26-2 号，93-109 頁

大野貴司 (2018b)「スポーツマネジメントにおける理論と実践の関係に関する一考察―山城章の『実践経営学』の視点から―」大野貴司編著『スポーツマネジメント実践の現状と課題―東海地方の事例から―』三恵社，1-22 頁

大野貴司 (2018c)「わが国大学運動部組織の「学習する組織」への移行に向けた予備的検討」『埼玉学園大学紀要　経済経営学部篇』第 18 号，135-148 頁

大野貴司 (2019)「わが国大学運動部における組織マネジメントの研究―クリス・アージリスの所説を手掛かりとして―」『東洋学園大学紀要』第 27 号，109-125 頁

大野貴司 (2020a)「わが国スポーツマネジメント研究の現状，課題と展望―スポーツマネジメント研究における体育学的アプローチと経営学的アプローチの包摂にむけて―」大野貴司編著『現代スポーツのマネジメント論―『経営学』としてのスポーツマネジメント序説―』三恵社，1-25 頁

大野貴司 (2020b)「わが国スポーツマネジメント研究および教育の現状，問題点と課題―ミンツバーグ，山城章の所説を踏まえた今後の展開の示唆―」『帝京経済学研究』第 53 巻第 2 号，23-46 頁

大野貴司 (2020c)「運動部活動をマネジメントする」神谷拓監修『部活動学　子どもが主体のよりよいクラブをつくる 24 の視点』ベースボール・マガジン社，31-42 頁

大野貴司 (2020d)「経営学の経営実践への貢献可能性に関する一考察―経営理論と経営実践の統合にむけて―」『帝京経済学研究』第 54 巻第 1 号，33-55 頁

大野貴司・徳山性友 (2015)「わが国スポーツ組織の組織的特性に関する一考察―そのガバナンス体制の構築に向けた予備的検討―」『岐阜経済大学論集』第 49 巻第 1 号，21-40 頁

小野琢 (2013)「山城章―主体的な企業観・実践経営学の確立者―」経営学史学会監修，片岡信之編著『経営学史叢書 XIV　日本の経営学説II』文眞堂，82-106 頁

小野里真弓・谷口英規 (2013)「『職務満足』から見た大学運動部員のマネジメント」

『上武大学ビジネス情報学部紀要』第 12 巻第 1 号，78-93 頁

大竹弘和・上田幸夫 (2001)「地域スポーツとの『融合』を通じた学校運動部の再構成」
　　『日本体育大学紀要』第 30 巻第 2 号，269-277 頁

大山高 (2018)「帝京大学ラグビー部の成功要因」早稲田大学スポーツナレッジ研究会
　　編『スポーツ・エクセレンス―スポーツ分野における成功事例―』創文企画，64-
　　76 頁

Porkhouse, B.（1984），"Sport Management," *Journal of Physical Education, Recreation, and
　　Dance*, Vol.55, No.7, pp.12-14.

Parks, J. B. & Olafson, G. A.（1987），"Sport Management and a Now Journal," *Journal of Sport
　　Management*, Vol.1, pp.1-3.

Pitts, B. G., Fielding, L. W. & Miller, L. K.（1994），"Industry Segmentation Theory and the Sport
　　Industry : Developing a Sport Industry Segment Model," *Sport Marketing Quarterly*, Vol.3,
　　No.1, pp.15-24.

齋藤隆志 (2013)「大学組織スポーツ活動を通して獲得する能力に関する一考察―知識
　　基盤社会でもとめられる能力としての『スポーツぢから』概念について―」『日本
　　女子体育大学紀要』第 40 号，23-32 頁

櫻井貴志・田島良輝・西村貴之・神野賢治・佐々木達也・岡野紘二 (2017)「日本の大
　　学におけるスポーツマネジメント教育に関するカリキュラム分析」『スポーツ産
　　業学研究』第 27 巻第 4 号，333-340 頁

佐野昌行・冨田幸博 (2012)「体育学の一領域としての体育管理学の成立過程：スポー
　　ツ経営学史の一環として」『体育・スポーツ経営学研究』第 26 巻，53-71 頁

沢田和明 (2001)「体育教師論―体育教師はどのように作られ，利用されてきたか―」
　　杉本厚夫編著『体育教師を学ぶ人のために』世界思想社，214-218 頁

関朋昭 (2015a)『スポーツと勝利至上主義　日本の学校スポーツのルーツ』ナカニシ
　　ヤ出版

関朋昭 (2015b)「学校運動部活動の体罰問題に関する管理論的一考察：部活動運営に
　　困難を極めた中学校や体罰があった高等学校の事例から」『北海道体育学研究』第
　　50 号，69-79 頁

Senge, P. M.（1990），*The Fifth Discipline : The Art and Practice of the Learning Organization*,
　　Doubleday.（守部信之監訳『最強組織の法則　新時代のチームワークとは何か』徳
　　間書店，2016 年）

柴田紘希・清水紀宏 (2019)「地域スポーツクラブにおけるミッションとクラブの成長
　　性との関係に関する研究」『体育・スポーツ経営学研究』第 32 巻，1-23 頁

嶋﨑雅規 (2013)「運動部活動を教師のものから生徒のものへと変えよう」森川貞夫編
　　著『日本のスポーツ界は暴力を克服できるか』かもがわ出版，132-147 頁

嶋﨑雅規 (2016)「教員に求められる運動部活動の知識とスキル」友添秀則編著『運動
　　部活動の理論と実践』大修館書店，208-220 頁

嶋﨑雅規 (2017)「単位運動部の自治的運営」柳沢和雄・清水紀宏・中西純司編著『よ
　　くわかるスポーツマネジメント』ミネルヴァ書房，28-29 頁

清水紀宏 (1986)「組織活性化を規定する組織風土要因の分析―学校体育組織をめぐっ
　　て―」『体育経営学研究』第 3 巻第 1 号，23-31 頁

清水紀宏（1989）「体育管理者の管理行動と職務特性の交互作用効果」『体育・スポーツ経営学研究』第 6 巻第 1 号，9-20 頁

清水紀宏（1990）「体育経営体における管理行動に関する研究」『体育学研究』第 35 巻第 1 号，41-52 頁

清水紀宏（1994）「『スポーツ経営』概念の経営学的考察」『体育学研究』第 39 号，189-202 頁

清水紀宏（1995）「体育経営学における経営資源研究の課題」『金沢大学教育学部紀要教育科学編』第 44 号，113-123 頁

清水紀宏（1997）「スポーツ経営学における基本価値の検討」『体育・スポーツ経営学研究』第 13 巻第 1 号，1-15 頁

清水紀宏（2001）「スポーツ経営の実践理論科学的方法」『日本体育学会号』第 52 号，407 頁

清水紀宏（2002）「体育・スポーツ経営とは」八代勉・中村平編著『体育・スポーツ経営学講義』大修館書店，16-39 頁

清水紀宏（2007）「体育・スポーツ経営学の方法論的課題：自己批判から再構築へ」『体育・スポーツ経営学研究』第 21 巻第 1 号，3-14 頁

清水紀宏（2016）「運動部活動に求められるマネジメントとは」友添秀則編著『運動部活動の理論と実践』大修館書店，184-199 頁

清水紀宏（2017）「学校運動部活動の経営論」柳沢和雄・木村和彦・清水紀宏編著『テキスト体育・スポーツ経営学』大修館書店，84-87 頁

清水紀宏・八代勉（1988）「学校体育経営における教師の職務態度に影響する要因の研究」『体育・スポーツ経営学研究』第 5 巻第 1 号，7-17 頁

清水紀宏・山川岩之助・八代勉（1986）「学校体育経営における革新性に関する研究」『筑波大学体育科学紀要』第 9 号，31-41 頁

品田龍吉（1976）「クラブ・サービスにおける管理」宇土正彦編著『体育管理学入門』大修館書店，74-78 頁

城丸章夫著，城丸章夫著作集編集委員会編（1993a）『城丸章夫著作集　第 5 巻　集団主義と教科外活動』青木書店

城丸章夫著，城丸章夫著作集編集委員会編（1993b）『城丸章夫著作集　第 7 巻　体育・スポーツ論』青木書店

Slack, T.（1994），"From the Locker Room to Board Room : Changing the Domain of Sport Management," *Journal of Sport Management*, Vol.10, pp.97-105.

Slack, T.（1998），"Is There Anything Unique about Sport Management?," *European Journal for Sport Management*, Vol.5, No.2, pp.21-29.

Smart,D.L. & Wolfe, R. A.（2000）， "Examining Sustainable Competitive Advantage in Intercollege Athletics : A Resource-Based View," *Journal of Sport Management*,Vol.14,pp.133-153.

Soucie, D. & Doherty, A.（1996），"Past Endeavors and Future Perspectives for Sport Management Research," *Quest*, Vol.48, pp.486-500.

スポーツ庁編・発行（2019）「スポーツ団体ガバナンスコース＜中央競技団体向け＞」

杉原亨・奈良堂史（2016）「体育会学生の学習意識・行動や協調的問題解決力に関する

考察」『関東学院大学高等教育研究・開発センター年報』第 2 号，5-15 頁

角田幸太郎 (2015)「日欧プロサッカークラブにおける人的資源の会計と管理の事例研究」『会計理論学会年報』第 29 号，99-108 頁

角田幸太郎 (2017)「プロフェッショナル組織におけるインセンティブ・システムの導入効果の研究—英国プロサッカークラブでのインタビュー調査—」『会計理論学会年報』第 31 号，72-80 頁

Sutton, W. A. & Parrett, I.（1992）, "Marketing Core Product in Professional Team Sports in the United States," *Sport Marketing Quarterly*, Vol.1, No.2, pp.7-19.

鈴木知幸 (2013)「体育・スポーツ行政から見た運動部活動の問題と課題」森川貞夫編著『日本のスポーツ界は暴力を克服できるか』かもがわ出版，48-66 頁

鈴木知幸 (2014)「五輪に向けたレガシーの創造—スポーツガバナンスのイノベーションを問う—」公益財団法人笹川スポーツ財団編『入門スポーツガバナンス』東洋経済新報社，72-89 頁

田幡憲一・榊良輔 (2014)「部活動における組織的な問題解決の支援と評価—宮城教育大学硬式野球部における実践的研究—」『宮城教育大学紀要』第 48 号，261-269 頁

高橋由明・早川宏子・ハラルド・ドレス・ステン・ゾェダーマン編著，高橋由明・早川宏子編訳 (2012)『スポーツ・マネジメントとメガイベント—Jリーグ・サッカーとアジアのメガスポーツ・イベント—』文眞堂

高峰修 (2014)「スポーツ統括組織のガバナンスと倫理的対応の問題」公益財団法人笹川スポーツ財団編『入門スポーツガバナンス』東洋経済新報社，54-70 頁

高岡敦史・清水紀宏 (2006)「学校体育経営における対話場リーダーシップの発話と知の共有に関する事例研究」『体育・スポーツ経営学研究』第 20 巻第 1 号，31-44 頁

高島稔 (1976)「体育組織」宇土正彦編著『体育管理学入門』大修館書店，102-113 頁

武隈晃 (1985)「リーダーシップ行動の規定要因及び有効性の検討—地域スポーツクラブ指導者の指導活動に関する動機論的研究—」『体育経営学研究』第 2 号，33-41 頁

武隈晃 (1986)「地域スポーツクラブの有効性を規定する要因の検討—リーダーシップ認知の一致度と指導者の信頼性の影響—」『体育経営学研究』第 3 巻第 1 号，13-21 頁

武隈晃 (1990)「地域スポーツ集団の維持・発展と指導者行動の相互影響過程」『体育・スポーツ経営学研究』第 7 巻第 1 号，11-21 頁

武隈晃 (1991)「学校体育経営における組織行動特性に関する実証的研究」『体育・スポーツ経営学研究』第 9 巻第 1 号，29-41 頁

武隈晃 (1994)「体育経営組織における管理者行動の規定要因および有効性について」『体育学研究』第 38 巻第 5 号，361-374 頁

武隈晃 (1995)「管理者行動によるスポーツ組織の検討」『体育学研究』第 40 巻第 4 号，234-247 頁

田村公江 (2014)「体罰容認の連鎖を断ち切るには—『部活における指導のあり方を語ろう』企画から見えてきたこと」『龍谷大学社会学部紀要』第 44 号，1-12 頁

辻村宏和 (2001)『経営者育成の理論的基盤—経営技能の習得とケース・メソッド—』文眞堂

辻村宏和 (2008a)「経営教育学序説―中心的『命題及び仮説』の意義」『経営教育研究』第 11 巻第 1 号, 59-71 頁

辻村宏和 (2008b)「経営学と経営者の育成」経営学史学会編『現代経営学の新潮流―方法, CSR, HRM, NPO―』文眞堂, 46-60 頁

辻村宏和 (2009)「『経営者育成の理論＝経営教育学』構想―中心的『命題・仮説』を支える下位仮設の整理及び傍証」日本経営教育学会編『経営教育論』中央経済社, 25-44 頁

辻村宏和 (2017)「経営教育学序説―山城『実践経営学』概念の必要性―」『経営教育研究』第 20 巻第 1 号, 77-87 頁

辻口信良・堀田裕二 (2014)「全日本柔道連盟～暴力・暴言事案とガバナンス」スポーツにおけるグッドガバナンス研究会編『スポーツガバナンス実践ガイドブック』民事法研究会, 28-36 頁

鶴山博之・畑攻・加藤昭・渡部誠・武田一 (1994)「モラールから見た陸上競技部のマネジメントに関する基礎的研究」『陸上競技紀要』第 7 号, 29-35 頁

鶴山博之・畑攻・渡部誠・武田一 (1995)「選手のマチュリティから見た陸上競技部のマネジメントに関する基礎的研究」『陸上競技紀要』第 8 号, 42-84 頁

鶴山博之・畑攻・渡部誠・武田一 (1996)「リーダーシップから見た陸上競技部のマネジメントに関する基礎的研究」『陸上競技紀要』第 9 号, 21-29 頁

鶴山博之・畑攻・杉山歌奈子 (2001)「競技的スポーツ集団におけるリーダーシップの固有性・個別性に関する研究―大学女子運動部に対する分析と考察―」『体育・スポーツ経営学研究』第 16 巻第 1 号, 29-42 頁

内海和雄 (1998)『部活動改革―生徒主体への道―』誠信社

宇土正彦 (1990)「スポーツ経営学講座 ―第 1 回― スポーツ経営とは」『指導者のためのスポーツジャーナル』9 月号, 24-25 頁

宇土正彦 (1991)「スポーツ産業とスポーツ経営との構造的連関に関する研究」『スポーツ産業学研究』第 1 巻第 1 号, 1-11 頁

宇土正彦編著 (1976)『体育管理学入門』大修館書店

運動部活動の在り方に関する調査研究協力者会議 (2013)『運動部活動の在り方に関する調査研究報告書～一人一人の生徒が輝く運動部活動を目指して～』文部科学省

梅野正信 (2016)「威嚇的な言葉の指導から生徒の尊厳を高める言葉の指導へ」友添秀則編著『運動部活動の理論と実践』大修館書店, 221-230 頁

宇留間昂 (1989)「クラブ・サービス論 (体育・スポーツ事業論・その 3)」宇土正彦編著『体育経営管理学講義』大修館書店, 79-88 頁

早稲田大学競技スポーツセンター編 (2016)『早稲田アスリートプログラム テキストブック』ブックウェイ

Weese, W. J. (1995), "If We're Not Serving Practitioners, Then We're Not Serving Sport Management," *Journal of Sport Management*, Vol.9, pp.237-243.

Weick, K. E. (1969), *The Social Psychology of Organizing*, McGraw-Hill.（遠田雄志訳『組織化の社会心理学』文眞堂, 1997 年）

Whitting, R. (1989), *You Gotta Have Wa*, Macmillan Publishing Company.（玉木正之訳『和をもって日本となす』角川書店, 1990 年）

山本順之 (2010)「スポーツ文化の再生産に関する社会学的研究―学校運動部活動を中心として―」『社会文化研究所紀要』第66号, 69-86頁

山本順之 (2009)「大学におけるスポーツの役割に関する研究―大学スポーツの変遷と発展―」『社会文化研究所紀要』第64号, 81-99頁

山城章 (1960)『実践経営学』同文館出版

山城章 (1968)『新講経営学』中央経済社

山城章 (1970)『経営原論』丸善

山城章 (1976)『日本的経営論』丸善

山城章 (1982)『経営学 (増補版)』白桃書房

山下秋二 (1994)『スポーツ・イノベーションの普及過程：スポーツの産業化に伴う個人と組織の革新行動』不昧堂出版

山下秋二 (2005)「スポーツマネジメント学の展望」『体育学研究』第50巻第1号, 79-89頁

山下秋二 (2006)「スポーツと経営学」山下秋二・中西純司・畑攻・富田幸博編著『スポーツ経営学　改訂版』大修館書店, 8-30頁

柳沢和雄・清水紀宏・中西純司編著 (2017)『よくわかるスポーツマネジメント』ミネルヴァ書房

八代勉 (1993)「スポーツ経営学講座　―最終回―　これまでのまとめと今後の展望―」『指導者のためのスポーツジャーナル』9月号, 38-40頁

八代勉・中村平編著 (2002)『体育・スポーツ経営学講義』大修館書店

横山勝彦・来田宣幸編著 (2009)『ライフスキル教育―スポーツを通して伝える「生きる力」』昭和堂

横山剛士 (2014)「学校部活動の経営とスクール・ガバナンス」『体育・スポーツ経営学研究』第27巻第1号, 79-86頁

吉田浩之 (2016)「運動部活動の指導を振り返る複眼的な視点」友添秀則編著『運動部活動の理論と実践』大修館書店, 200-207頁

吉田政幸 (2012)「スポーツ学再考―スポーツビジネスマネジメントの立場から―」『研究紀要』第9号, 39-44頁

Zeigler, E. F. (2007), "Sport Management must Show Social Concern as it Develops Tenable Theory," *Journal of Sport Management*, Vol.21, pp.297-318.

参考資料一覧

スポーツ庁 (2018) 日本版 NCAA 創設に向けた説明会資料

参考 URL 一覧

びわこ成蹊スポーツ大学ホームページ　https://biwako-seikei.jp/ (2021年1月22日アクセス)

中京大学ホームページ　https://www.chukyo-u.ac.jp/ (2021年1月22日アクセス)

CiNii　https://ci.nii.ac.jp/ (2020年7月25日アクセス)

岐阜協立大学ホームページ　https://www.gku.ac.jp/（2021 年 1 月 22 日アクセス）

一橋大学ホームページ　http://www.hit-u.ac.jp/index.html（2021 年 1 月 22 日アクセス）

一般社団法人大学スポーツ協会ホームページ　https://www.univas.jp/（2021 年 1 月 22 日アクセス）

上武大学ホームページ　http://www.jobu.ac.jp/（2021 年 1 月 22 日アクセス）

Jstage　https://www.jstage.jst.go.jp/browse/-char/ja（2021 年 1 月 22 日アクセス）

京都産業大学ホームページ　https://www.kyoto-su.ac.jp/（2021 年 1 月 22 日アクセス）

九州産業大学ホームページ　https://www.kyusan-u.ac.jp/（2021 年 1 月 22 日アクセス）

明治大学ホームページ　http://www.meiji.ac.jp/（2021 年 1 月 22 日アクセス）

文部科学省ホームページ　学校法人大垣総合学園の沿革
　　http://www.dsecchi.mext.go.jp/1810nsecchi/pdf/gifukeizai_1811nsecchi_syushi2.pdf
　　（2021 年 1 月 22 日アクセス）

日本スポーツマネジメント学会ホームページ　http://e-jasm.jp/　（22021 年 1 月 22 日アクセス）

日本スポーツ産業学会ホームページ　https://spo-sun.gr.jp/（2021 年 1 月 22 日アクセス）

日本スポーツマネジメント学会ホームページ　http://e-jasm.jp/（2021 年 1 月 22 日アクセス）

日本スポーツ産業学会ホームページ　https://spo-sun.gr.jp/2021 年 1 月 22 日アクセス）

追手門学院大学ホームページ　https://www.otemon.ac.jp/（2021 年 1 月 22 日アクセス）

Researchmap　https://researchmap.jp/（2021 年 1 月 22 日アクセス）

帝京大学ホームページ　https://www.teikyo-u.ac.jp/（2021 年 1 月 22 日アクセス）

著者紹介

大野　貴司（おおの　たかし）
帝京大学経済学部准教授

1977 年 11 月　埼玉県さいたま市生まれ
2001 年 3 月　明治大学経営学部卒業
2003 年 3 月　明治大学大学院経営学研究科博士前期課程修了
2006 年 3 月　横浜国立大学大学院国際社会科学研究科博士課程後期単位取得退学
岐阜経済大学経営学部専任講師，准教授，東洋学園大学現代経営学部准教授，教授を経て
2019 年 4 月　現職

主要業績
『スポーツ経営学入門』（単著，三恵社）
『プロスポーツクラブ経営戦略論』（単著，三恵社）
『スポーツマーケティング入門』（単著，三恵社）
『人間性重視の経営戦略論』（単著，ふくろう出版）
『ローカル鉄道の経営戦略とマーケティング』（共著，三恵社）
『スポーツマネジメント実践の現状と課題』（編著，三恵社）
『現代スポーツのマネジメント論』（編著，三恵社）
『体育・スポーツと経営』（共編著，ふくろう出版）
『スポーツビジネス論』（共編著，三恵社）
『よくわかるスポーツマネジメント』（分担執筆，ミネルヴァ書房）

スポーツマネジメント論序説
―理論と実践の統合を可能とするマネジメント理論の構築にむけて―

| 2021年3月30日 | 初 版 発 行 |
| 2023年9月 8 日 | 第2刷発行 |

著 者　　大野　貴司

発行所　　株式会社　三恵社
〒462-0056 愛知県名古屋市北区中丸町2-24-1
TEL 052 (915) 5211
FAX 052 (915) 5019
URL http://www.sankeisha.com

乱丁・落丁の場合はお取替えいたします。
ISBN978-4-86693-368-9